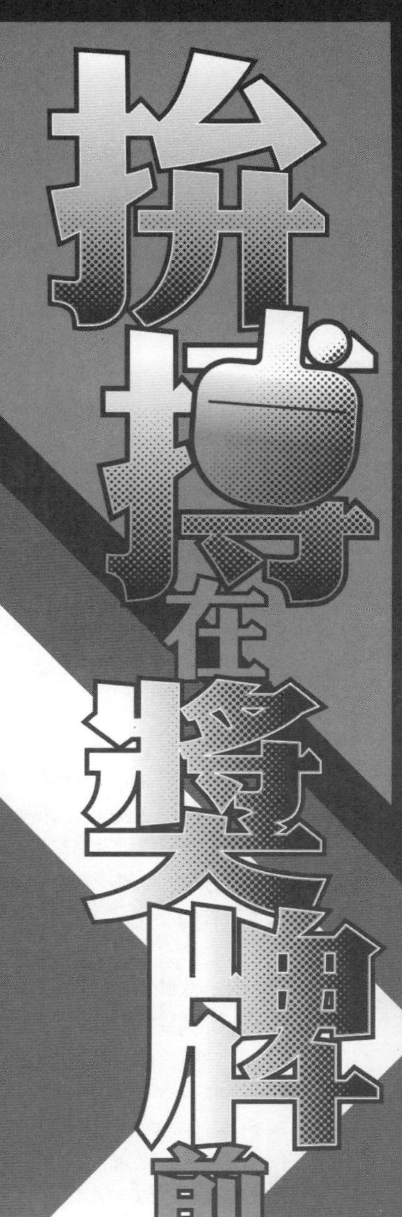

黃潔雯

拚搏在獎牌前——乒乓少年追夢記

作者／黃潔雯
策劃編輯／伍詠慈
美術設計／鄺穎殷
出版發行／突破出版社
香港沙田亞公角山路33號突破青年村
電話：2632 0000　傳真：2632 0388
電郵：breakthrough@breakthrough.org.hk
網址：http://www.breakthrough.org.hk
http://www.btproduct.com
承印／新世紀印刷實業有限公司
2021年9月初版1刷

The Stories of Young Table Tennis Players
by Wong Kit Man
First Printing, First Edition, September 2021

Printed in Hong Kong
ISBN 978-988-8562-54-1

本書經文取自《新標點和合本》，版權為香港聖經公會所有，承蒙允准採用，特此鳴謝。

誠邀閣下就突破出版社的書籍發表意見

歡迎加入突破書籍 Facebook page — http://www.facebook.com/btbooks.page

本書採用環保油墨印刷

心　靈　地　圖

關懷、連繫、復和、

溝通、對話……

凝視心之脈動，

直到重新尋獲自己的心。

目錄

貓序

曾經有人問我為什麼我叫貓哥？我常笑說因為我的生肖屬貓，實情只不過是一次機緣巧合友人為我改了這個網名。2007 年 9 月 15 日一個月黑風高的晚上，我獨自在電腦前寫了「香港乒乓網 HKTTF.com」，從此註定我這一生與乒乓球結下不解之緣。

過去十四年，我在香港舉辦了無數的民間乒乓球比賽。還記得我們首次舉辦比賽只是在寶達邨的公眾乒乓球桌，直到三年前竟然有機會跟 NGO 合作，在灣仔伊利沙伯體育館舉辦首個乒乓球慈善比賽，讓小朋友可以站在伊館的舞台上打拚。透過比賽，小朋友除了得到獎盃及寶貴的經驗外，還懷抱了一個夢想。「I have a dream ！」我很清楚記得當天有小朋友這樣跟我說，還表示將來要代表香港乒乓球隊再一次站在伊館這個舞台。

書中其中一位主角「大爺」，當年便是當中一名不知天高地厚的參加者。2016 年，他首次參加我們舉辦的馬拉松乒乓球比賽，還是一個技術幼嫩的小夥子，怎知道五年後的今天，他已經入選了香港青少年乒乓球隊。

每一位球員背後，其實必不可缺家長的支持。外界一般只看到球員光鮮亮麗，人前優秀的一面，又有多少人注意他們以及家長是如何付出？很多人以為讓孩子日以繼夜、夜以繼日地訓練，就可以換取成功，這是一種對成功的狹隘理解。真正的成功是藉由乒乓球對孩子進行正確、正面、正向的思想教育。

舉個例子，「勝不驕，敗不餒」這句話，大概所有人也聽説過，但是到底怎樣才能令心智未成熟的孩子領悟到這句説話的真諦呢？乒乓球可以是一個讓孩子經歷實踐教育的媒界，從此以後，他們在人生中體現出來的「勝不驕，敗不餒」的態度，肯定比那些只從書本讀過這道理的更為實在。

讀畢這本書後，我明白了作者如何教導她的孩子，重點是要學會欣賞別人。作者把她的經歷以及她在球場上遇到的人和事寫進這本書裏，讓我看到她對別人有着敏鋭的觀察，總是選擇看人好的一面，善於發現別人的亮點。正因如此，她才能夠歸納別人的長處，採納他人的方法，完善自己對孩子的教育。誠意向大家推介這本書，它的優秀不光在於內容，更在於其表達的精神——運動員的刻苦精神、愛心教育的精神。願每位讀者都能細意品嚐當中的韻味，並從中學習，成為更強的運動員、更好的家長、更棒的教育工作者。

感恩香港有這樣一位作者向乒壇不同崗位的人致敬。香港土生土長球員剛剛奪得奧運獎牌，下一個為港在奧運爭光的説不定便是大爺，who knows？

香港乒乓網創始人
陳樹恩先生（貓哥）

趙序

每個人都有自己的夢想，都有為追夢而奮鬥的權利——唯獨夢想真真正正屬於自己，且不應被別人抹煞。

成為全職乒乓運動員和律師都是我的夢想。我慶幸曾當了兩年的全職乒乓運動員，透過參與青奧會、世大運、世青賽和亞錦賽等國際賽事，得以感受全職運動員日以繼夜的艱辛訓練，過程非常辛苦但格外充實。即使我現在當了律師，沒有繼續追尋全職運動員的乒乓夢，但我沒有一刻放棄過對乒乓球的熱誠和愛。正如作者所說，我希望能夠以另一種方式去愛乒乓：令更多人認識和愛乒乓，感染我身邊的人（包括讀者你）加入追夢者的行列。

當我執筆寫序言的時候，2020 東京奧運會正進行得如火如荼。我以評述員的身分參與奧運，見證港隊創下一金二銀三銅的歷史佳績。其中，令我最難忘的莫過於我們三位土生土長的乒乓運動員：杜凱琹、李皓晴和蘇慧音組成的香港女隊。作為前港隊隊友，見證她們歷史性得到銅牌、站在頒獎台的那一刻，我不禁熱淚盈眶。這枚獎牌是她們，以及很多代香港乒乓前輩、教練和曾為香港乒乓發展出過一分力的所有人夢寐以求的，現在終於夢想成真 —— 這正是追夢者奮鬥的成果！

藉着這個「乒乓熱」，作者將她在乒乓場上遇到的經歷和所見所聞透過這本書娓娓道來。我誠意向大家 —— 特別是運動員、家長、教育工作者和正在追夢的你們推薦這本書。看畢這本書後，你會明白夢想並非遙不可及：只要擁有勇氣和恆心，努力不懈地朝着目標進發，無論最終結果是否如你所願，你都會為自己曾經努力嘗試追夢和完成一件事而感到驕傲和無悔。

前香港乒乓代表隊成員
趙頌熙

劉序

大家好！我就是書中高頻出現的那位「大爺」！不要被這個暱稱誤導，其實我只有十一歲。我從四歲開始學乒乓球，至今已是七年，乒乓球陪伴我成長，是我最好的朋友。我每天最快樂的時光，就是和它在一起。我常常感恩自己認識了乒乓球，因為它令我的童年與別不同。

怎麼與別不同呢？例如我發現身邊很多同學喜歡打遊戲機，更不乏沉迷其中、不能自拔的。我想說，那是因為他們不認識乒乓球。我也打過遊戲機，是挺好玩的，但千篇一律，打着打着就悶了。乒乓球不一樣，它是千變萬化的，我打球七年以來，就沒有打過相同的一球，每一球都是新的樂趣，那才是真正的好玩！

曾經有人問我，一天花那麼長時間打球，會不會覺得很可憐，我覺得不能打球才可憐。去年因着有家人染疫，我要住進竹篙灣檢疫中心，那不能打球的十四天簡直度日如年，痛苦得令我畢生難忘！我因為太想打球，就把床板拆下來當球桌。後來每當有人要我分享自己有多喜歡打球，我也會提起這件事。

打乒乓球令我身體健康，鮮會生病。雖然我那迷信的媽媽（即是作者）每次聽到我這麼説，總是非常守舊地 touch wood，但我真的很想在此跟大家説一説打乒乓球的好處。當然，打球最大的好處是讓我遇上了很多愛我的人，假如我當初沒有選擇乒乓球，我的生命就會因為缺了他們的愛而失色不少。

從小到大，貓哥貓嫂也對我很好，因為論壇的比賽，我才有磨練自己的機會。疫情之下，我仍然能每天打球，首先要感謝貓哥貓嫂送我乒乓球桌，其次是感謝葑姐姐給我借出場地。葑姐姐還常常帶我行山，令我在疫情時保持好的體能，為比賽復辦做好準備。疫情令我無法去東深，我特別懷念以前每週末和陳文孛教練打球的日子。封關令我和陳教練無法見面，但他依然會給我打視像電話，隔著屏幕看我練習發球，媽媽説這是愛。

文教練從我四歲起教我到現在，雖然我小時候有點頑皮，但文教練對我總是很有耐性，是他令我從對乒乓一竅不通，到現在以乒乓為目標和方向。黃 Sir 是最能給我信心的人，只要他在，我就充滿力量和勇氣，慶幸每次比賽，都有黃 Sir 的陪伴和指導。還有盧教練，在少兒精英隊三年，每天和盧教練見面的時間可能比爸爸還多，他是我十分敬佩和感激的教練。記得剛進隊時，我年紀最小，常常輸球，但他從不嫌棄我，還常常鼓勵我，令我日漸進步，我永遠不會忘記三年快樂的少兒精英隊生涯。

最後，我想感謝大家買媽媽的書，讀完這本書後，你們就會知道爸爸媽媽如何無條件地支持我。爸爸媽媽，謝謝你們！我會打好球、讀好書、做好人，努力成為令你們引以為傲的兒子。

香港青少年乒乓球隊成員

劉綺晨

自序

等待本來是漫長的，但因為有了書中這些故事陪伴，我在體育館等待兒子（劉綺晨，大爺）練完球跟我回家的一分一秒，都成了陽光正好，微風不燥的好時光。

我是一個寡言少語的人，但我喜歡默默觀察。在喧鬧嘻笑的體育館中等兒子，有時候一等就是幾個小時，發現每天風雨不改地出現的總是來去匆匆的教練、鬥志昂揚的小孩、熱情萬丈的青年、神采飛揚的長者，他們與乒乓，都有一段故事，故事長短不一、或喜或悲、有笑有淚，但都動人。我用文字把這些聽到的、看到的一一記錄，唯願這星星點點的熱情能在亂世中凝聚起暖流，流淌到人們被冷硬了的心間，使他們的生命更有溫度。

隨着香港疫情開始緩和，本地乒乓球賽事逐漸復辦。近日陪兒子比賽，因為防疫理由，家長不能進場觀賽，只能在場外等候，偶然聽到一位同樣在場外接兒子的母親咬牙切齒地對輸球的兒子說：「書又讀唔成，波又打唔好，冇鬼用㗎你！」

在香港，孩子要顯示自己「有用」，要不進名校；要不身懷絕技，然後進名校。然而，書中每位主角都用他們的故事向我們證明，「有用」還有其他的，甚至更對的定義。夢想看似奢侈，甚至在很多人看來無比離地，但奧運銅牌得主蘇慧音和故事中的小主角不約而同地表示「只要相信，奇蹟就可能發生」。

這個奇蹟未必是讓你同樣收穫到令全港市民以你為傲、為你沸騰的獎牌，但追求夢想的過程，可以令你找到重要的朋友、珍貴的情誼、難得的品質、崇高的理想、主恩的見證……

電影《哪一天我們會飛》中有一句我非常喜歡的對白，女主角說：「夢想是到死那一刻仍然在想的事情。」打開這本書，你會看到一羣有夢的孩子，他們在 COVID-19 肆虐下仍然無懼生命受威脅，展現出我們難以想像的對乒乓球的熱情。即使疫情也無法停止夢想的腳步，讓我們預想到這羣追夢者會一直與美麗的夢想結伴同行，從冒綠芽的春天走到雪花飄飄的冬天，走完四季，走完一生，走得與別不同。

因此，我們要有夢，也要因着孩子心懷夢想而掀起嘴角，展現欣慰的笑容。與其讓我在此花時間向你解釋，不如就此擱筆，讓你快點花時間閱讀這本書。書中的主角自會向你證明，無論我們最後能否到達夢想的彼岸，結局都是美好的。

何鈞傑

乒乓球

/ 性別：男

/ 世界巡迴公開賽菲律賓站男子單打冠軍，中國、匈牙利、卡達等世界巡迴公開賽 U21 男子單打冠軍

/ 個人世界排名最高 28 位（2016）

/ 國際乒聯世界巡迴賽香港站男子雙打冠軍

/ 2018 亞運會混雙銅牌

賽事和獎牌

2020 東京奧運香港代表

男神修煉之路

根據非正式統計，大爺這個年齡段的男生，只要是會打乒乓球的，偶像不是黃鎮廷，就是何鈞傑，沒有Mirror什麼戲的。

而我家大爺由於是外貌協會會長的緣故，一直堅定站隊何鈞傑，誇他是讓他心悅誠服、甘拜下風的帥氣第一人；更「謙虛」表示自己只是乒壇排名第二帥。

我家裏的電視基本是長處休眠狀態的，因為我和大爺閒時都比較喜歡徜徉書海，沒有追劇的習慣。因此，某天到我媽媽家裏吃飯，偶然瞥見電視屏幕上那張幾乎完美克隆何鈞傑的俊臉時，我和大爺都不約而同瞪大了眼睛，像發現新大陸一般不可思議道：「哇！好像何鈞傑啊！」

我的妹妹對我們母子倆的孤陋寡聞表示難以置信：「朱凌凌你們不知道？人家是新一代男神呢，香港人！」

現在封神的門檻這麼低嗎？那何鈞傑注定不能當凡人了！人家年紀輕輕已經在中國、菲律賓、匈牙利、卡達等世界巡迴公開賽男子單打得過冠軍！2018年的亞運會，他夥拍李皓晴，在混雙賽事中摘銅，跟黃鎮廷組的雙打更在同年的國際乒聯世界巡迴賽香港站勇奪男子雙打冠軍！最高個人世界排名二十八呢！贏來「男神」美譽靠的絕對不光是顏值！

男神不是靠顏值

很多成功案例都是無心插柳柳成蔭的，何鈞傑的乒乓路也不例外。小男神五歲半已開始接觸乒乓球，純粹因為陪伴哥哥，在往後的人生中，他大概很難再陪誰做一件如此耗時的事情了。

半年後的一個分區比賽，他已嶄露頭角，表現出過人的天分，從此花在乒乓球的時間可能比睡覺還多。

六歲那年，何鈞傑獲得了人生中第一個冠軍。當他回憶當時的心情，我把握時機，睜大了眼睛，想抓住他每一個微表情，可惜……遍尋不獲。他的臉彷彿被冷凍過一般，紋絲不動，只言簡意賅地描述道：「很平靜。」

要是我旁邊有一面鏡子，他能從鏡中看到自己以及鏡子旁邊的我，一定會明白「相映成趣」是什麼意思。我的反應對比他的毫無波瀾實在有點誇張得過分，但我真按捺不住，便問道：「就這麼平淡嗎？小孩子第一次得獎不是應該都挺興奮的嗎？」

還記得大爺第一次得獎，是兩歲時得了繪畫比賽的大埔區冠軍，當時他把那個金燦燦的獎盃視若珍寶，就差點沒把它給供起來了，而且還真問我可不可以抱着它睡覺。

自此以後，何鈞傑打球不再是為了陪太子讀書。他以八歲之齡參加十一歲以上才打的大青苗（大青苗乒乓球訓練計劃），但絕非因為哥哥也在大青苗團隊中，只是在何鈞傑適齡的小青苗那裏，他已經輕鬆奪冠了，所以越級挑戰參加大青苗，想給乒乓球練習增添一點趣味而已。

既為大青苗的一員，何鈞傑和其他大青苗哥哥一樣，要參加大青苗一年一度的年終賽。四進二的時候，他對戰的竟是自家親哥，結果，何鈞傑不留情面地把親哥給淘汰掉，最後以一騎絕塵的姿態摘下大青苗的桂冠。

年紀比人小，能力卻比人強，一般會順理成章地給人送外號「神童」啊什麼的，但我從沒聽説過何鈞傑被這麼稱呼過，有可能是在他以前，已經有趙頌熙這位教科書式的「神童」了，也有可能是童年時代的他説得上很「神」，但掛不住個「童」字，因為個性不怎麼「兒童」。

這是我因着後來對他的認知而來的猜測。

少小離家訓練去

話説年紀小小的何鈞傑打遍香港無敵手以後，開始北上練球。起初就像很多香港學球的孩子一樣，每逢週末才過去，但過人的天賦使他無論身處何方也特別亮眼，於是五年級下學期的時候，才滿十歲的何鈞傑在南山體校教練的盛情邀請下，成為了住校生，展開了與一般香港學球小孩迥然不同的成長模式。

當我問何鈞傑離家的感受時，這位冰山美男的説話方式是「白描到底」，「自那以後就每逢週末回家，平日在體校學習、練球。」帶感情色彩的詞語在他的表述中彷彿永遠缺席。

換其他十歲的小孩，離開父母獨自在外生活，面對陌生的環境和人事，不説害怕，多少總該有點忐忑吧？他不説，我就問好了！

「那你害怕嗎？你忐忑嗎？」不知道他是否看得出我眼神中的期待，就差沒直接開口説：「説有吧！説有吧！求你説有吧！」。

只見他散發出一身貌似來自阿爾卑斯山的仙氣，然後輕飄飄地說：「還好。」

果不其然，有話就是要說出口啊！否則誰能看得出來我心中的鬼胎呢？我本來想，年少離家、一人在外、離鄉背井、孤獨無依、寄人籬下……這些設定都特別適合寫一個煽情的故事，無奈總裁太高冷，把一切說得雲淡風輕，彷彿那些都是事不關己的日常，硬是不讓我如願。

好！我明白了！於是直奔主題：「你可以把自己說得慘一點嗎？」

「那時並沒有多慘，真的！」說到這裏，男神還是那張冰山臉，語氣卻從疏離中隱隱透出了溫度：「十二歲那年，我被山東魯能的教練看中了，從此加入省隊，跟父母一年才見兩次，那時比較慘一點點。」

慘就對了！一點點就夠了！我難忍內心的激動，迫不及待追問：「有沒有挨打之類的？」

「有。」

嘶──還真有！我隨意問的！那就真的是慘了！

棒下的成長路

「如果打球態度消極，教練會打。」他稍微停頓了一下，彷彿在搜索枯腸，看看還有什麼慘可以賣：「剛進隊時，我是年紀最小的隊員，就要幫大隊員洗衣服，當小弟一樣任他們差使，心裏會有一點不服氣。後來發現小的都這樣，心理才平衡了一些。宿舍裏，我們四個男生一個房間，經常因為雞毛蒜皮的小事發生口角，比如看什麼電視節目啊之類的，雖然一覺醒來，什麼不開心的事都會煙消雲散，但爭吵畢竟不好，久而久之，我就學會了遷就和妥協。」

從何鈞傑回答的篇幅來看，那大概是他青蔥歲月中最難忘的一段，感情詞都被他給用上了，簡直是人設大翻轉。

「那時候會想媽媽，尤其是輸球的時候，特別希望她就在我身邊。生病的話就怕她知道，怕她擔心，病好才告訴她。每年生日，隊友也會跟我吃頓飯，我總是不由自主地一直看手機，等媽媽給我發短訊，雖然她每次發的都差不多，都是『加油』、『愛你』之類的，但我卻很珍惜。」

其實他說這些的時候還是那一貫淡淡然的語氣、一派淡淡然的表情，但作為母親的我心頭卻一下子被弄痛——真的，好心痛這個孩子啊！

「我兒子老說他親眼看到內地的教練用水管打一個輸了球的小孩，小孩都被打得吐了，還得自己清理嘔吐物。」我猶有餘悸地告訴何鈞傑：「你媽媽是怎麼狠得下那個心的呢？」

「因為她都沒聽說過這些，只聽到我說想要走得更高更遠，就義無反顧地支持我。」何鈞傑的眼中彷彿閃過一抹稍縱即逝的憂傷，但又好像沒有。

「我後來知道她送我走的那天，表面看起來若無其事，一轉身卻哭得稀里嘩啦的，回到家就一直看我的影片。她說如果時光可以倒流，一定不會讓我離鄉背井，因為錯過了我的童年是她這輩子最大的遺憾。」

「那你是怎麼看的？假如一切可以重來呢？」

「一切按照原樣好了，在父母身邊長大的確更嬌貴一點，但原來的軌跡讓我學到很多在父母呵護下學不到的珍貴品格。」

也對！所以何鈞傑的媽媽還是無法撇清與「狠心」的關係。她對自己確實挺狠心的——**誰願意用畢生的遺憾來成就兒子成為理想中的自己呢？不是每個母親經得了這份痛楚，但這卻正是德蘭修女説的「付出到心痛為止」的愛。**

一切委屈都值得

何鈞傑的「一切重來選擇依舊」論，讓我想起了作家三毛。她國中的時候數學經常零分，為了擺脱困境，她研究老師的擬題規律，並且死記硬背了信息，結果成功翻盤，數學成績突飛猛進。可惜老師並不相信她，還污蔑她作弊，這讓三毛意興闌珊，從此經常逃學到圖書館看小説。

在我們看來，三毛特別委屈，但這一段何嘗不是她日後成為出色作家的一條伏線？因此，三毛曾説讓一切重來，她仍然要走一遍一模一樣的路。三毛跟何鈞傑肯定不認識，但他們的精神在時間的洪流裏卻相遇於永恒。

「十七歲那年，我離開山東魯能，加入香港隊。回到香港，真的見識到什麼是港孩。省隊很重視尊師重道、感恩文化，所以隊裏的小孩喚前輩作哥哥，那是理所當然的。出去買吃的，禮貌上都會問一句要不要幫忙買，隊友之間關係比較親密。但香港小孩對前輩視若無睹是常態，不怎麼注重禮貌。如果沒有北上打球那一段過往，我不知道自己會不會成為芸芸港孩中的一員，畢竟我媽是那種對我千依百順的母親。」

說語的信息很明顯，不過就是無怨無悔的意思了。**這世上難道還真有真心愛吃苦、打從心底享受離鄉別井的人嗎？不存在的。是慘情還是修煉是基於有沒有足夠的愛吧？只要足夠愛，就能想到一萬種理由告訴自己，一切的委屈都值得。**

情況就好比耶穌為世人贖罪而死，大概沒有人願意相信耶穌會對死亡甘之如飴，但因為愛，祂無所畏懼！

我們都是普通人，不能跟耶穌的偉大相提並論，但找到自己的熱情所在，也許就有點機會體會一把耶穌曾經經歷的義無反顧的愛。

如果真能以這樣的方式靠近神，何鈞傑大概已感受過神給的溫度，因此，他是冷若冰霜的，卻又是熱情洋溢的；是低調平實的，卻又是是閃閃發亮的。一切只因他懷揣乒乓夢想，固執心中所愛，無關顏值。英俊的容貌無法避免隨時間一點一滴流走而消逝的命運，唯有內心熾熱的人與其真愛難以在光陰中走散。

黃老師的採訪後記

還記得 2016 年聖誕節假期，年僅七歲的大爺跟他老爸參加了一個佛山的短期乒乓球訓練。當時我還不是特別支持他打乒乓球，因此沒有同行。沒想到一個星期不到，我已經想他想得不行。從小到大依賴又冒失的我，第一次獨個兒坐大巴北上尋子。

我媽媽後來知道這件事，差點兒沒被我嚇破膽，因為媽媽太清楚我的黑歷史，被我多不勝數的迷路經歷徹底洗腦，完全不會相信我是個生活可以自理的人。在北上的過程中，我並沒辜負媽媽對我的了解，還記得在海關下車完成過關手續後，我險些兒找不着原來的大巴，與滯留邊境的危機擦肩而過，驚出一身冷汗。

到站以後，我又找不到老爺跟我約定的地方，幾經折騰才見到面，那攀山涉水的一路簡直搞得我丟了魂一樣。老爺一見到我，忙不迭虛情假意地給我一頓誇，說什麼老婆真勇敢啊、真聰明啊之類的。我一門心思只想儘快隨他到體校去見大爺，根本懶得和他計較，只草草翻了他幾個白眼了事。

匆匆奔赴體校見着大爺後，我並沒有自己預想中的緊抱着他失控狂親的舉動，只安靜地站在體育館門外看着那個拼命地連續擊球的小傢伙，眼淚就和他額角的汗珠一樣默默地流了下來。

要修煉成男神，首要條件就是要有一個狠得下心的媽媽嗎？那大爺這輩子也休想當男神了！換成是我的話，我肯定捨不得大爺這麼小離我而去的。

趙頌熙

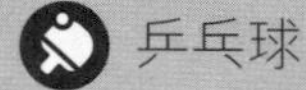

/ 性別：男

/ 小學階段的甲組冠軍

亞洲中學生乒乓球錦標賽男單冠軍

賽事和獎牌

幫助弱勢社羣爭取公義

真實的優秀

我遇過最驕傲的一個人，是一個中學師兄。當時，他是香港田徑代表隊的隊員，連電視新聞也報道過他獲得「田徑之王」獎項的威風事蹟，所以稱他為叱咤校園的風雲人物，絕對不是什麼恭維，只是一個很客觀的描述。

同樣對他客觀的描述，還有「目中無人」、「狂妄自大」、「不可一世」等詞語。他曾經在得悉大家對他的評價是「驕傲」以後，發出以下的豪言壯語:「驕傲怎麼了？誰不服氣到運動場跟我跑一圈，觸到我影子也算你贏！」真的很厲害啊！驕傲得厲害。

於是，從那個時候開始，我就對普天下運動好的男生產生了一個誤解：運動好的男生都挺驕傲的吧？直到我認識了他——全世界的驕傲男生都需要的一服猛藥——趙頌熙。

是天降的一個王子嗎？

認識趙頌熙源於一次機緣巧合。2019 年，大爺因着是少兒精英隊隊員的關係，獲香港乒乓球總會邀請，有幸參與拍攝國際乒聯世界巡迴賽香港公開賽的宣傳片工作。就他的級別，自然是個跑龍套的，沒有什麼懸念。

倒是片中主角到底是誰，讓他饒有興致地期待了好些天。

拍攝日是星期六，那天我們沒有睡到自然醒來，悠閒地享受週末早餐。為了大爺這個義務工作，我們一家大清早起來，一如以往無數個工作天，忙亂得翻天覆地，狼狽地出門，急匆匆地趕赴喇沙書院。

還記得那天的藍天、白雲和微風，天氣是那麼的明媚，把大爺懨懨欲睡的臉孔映得更形失色。然而，當導演過來跟我們説，他們正在拍攝主角趙頌熙的部分，如果有興趣可以先去看看……我注意到那個本來面如菜色的小孩，隨着「趙頌熙」三個字從導演嘴裏吐出來，菜色光速褪去，霧霾後的陽光頃刻燦爛，足以與明媚的天氣相媲美。

打從大爺學乒乓球的第一天，趙頌熙的事蹟已經被爸爸選為指定教材，連我這個對乒乓球一無所知的人，也知道趙頌熙每天放學坐火車到內地練球，在火車上吃飯、做功課，每天兩地奔波，學習成績仍然名列前茅，打球也位列「神童」，小學階段已膺甲組冠軍……從小聽趙頌熙的故事，令大爺視他為超級偶像。沒承想，幸福來得這麼突然，偶像從雲端降臨，來到大爺觸手可及的地方，他可謂樂瘋了！

第一次看到趙頌熙真身，第一印象是他比照片好看。我喜歡他的眼睛，那雙滿載一船星輝的眸子裏，流瀉着溫暖和真誠。在現今這個物欲橫流、波譎雲詭的世代，這份氣質顯得格外難能可貴。

導演讓三位少兒精英隊隊員想想有什麼想知道的，接下來拍攝他們仨訪問趙頌熙的部分。這位曾經的乒壇神童已經大學畢業，現在任職律師，所以大爺問：「趙仔哥哥，你真正的夢想其實是當乒乓球員還是律師呢？」

如果我沒有理解錯誤，趙頌熙的意思大概是乒乓球是他的熱情所在；但生而為人，而且是一個讀書人，除了熱情，也有社會責任。他當律師是為了幫助弱勢社羣，為他們爭取公義，同時希望他們能感受到鮮活的生命。因此，**他看似放棄了乒乓夢，實質上是換了個方式去愛乒乓，站在另一個立足點，向世界傾訴他對乒乓的愛和夢。**

他擔任 2019 聾人 / 聽障運動會香港籌委會的副主席，真正用自己的熱情溫暖弱勢社羣；又以律師身分參與律師公會的乒乓球比賽，以自己對乒乓的堅持感染行業中的同行者，讓他們親睹夢想的絢爛。他用最質樸的言語把最真實的想法娓娓道來。沒有華麗的詞藻、沒有張揚的態度，只有滿腔的理想、赤誠的內心，讓我在那雙滿載一船星輝般的眸子裏，瞥見愛與夢想的光芒，影影綽綽。那是第一次，我對「優秀運動員」這個詞的認知，發生了徹底的顛覆。

未幾，那段宣傳片出來了，我立馬發給我的學生們看。她們一如我所料地把趙頌熙捧得高高的：「他為什麼要到現實生活來搞事呢？黃老師，你叫他回去吧！王子本該活在童話故事裏啊！」我抓緊機會告訴她們，事實證明現實中真的有王子——長得帥、個性好、會運動、能讀書、有理想、懂賺錢，因此她們都要耐心等待，條件跟趙頌熙沒能相提並論的男生，就想都不用想了——趙頌熙就這樣成了少女們不早戀的理由！

後來我把這些浮誇的溢美之詞轉告了趙頌熙，身為少女們口中的「王子」，他只是雲淡風輕地流露一個溫文儒雅的王子式微笑，沒有臉紅羞澀，也沒有沾沾自喜，出人意料地擺出一副做好事不留名，揮揮衣袖深藏功與名的樣子。於是，我不由自主想起那位「田徑之王」師兄來，如果換成他的話，回應也許會變成：「在童話故事裏生活久了也挺悶的，偶然來現實度下假吧！奉勸你的學生們，看到王子不要太失控啊！」

優秀就一定驕傲？

趙頌熙還跟我分享，説他曾經的雙打搭檔告訴他，跟他搭檔很不是味兒，因為壓力巨大，有時候甚至會在高壓力下發揮失準，以致輸掉比賽。一般年輕人大概會對這個搭檔反感，覺得他打不好就算了，還把責任往別人身上推，算什麼東西？然而，趙頌熙的選擇是自我反省，也許是自己求勝之心太強，影響身旁的隊友，不自覺陷進緊張中了，因此，他是責無旁貸的。然後，他得出結論：雙打是兩位一體的比賽，除了控制自己的心情外，也要顧好對方的情緒。

現今年輕人最怕承責，趙頌熙卻表示感謝隊友的坦白，讓他意識到自己的問題所在，得以正視，積極求進，這是足夠謙虛的人才有的視覺，只有懂得用這種視覺看世界的人，才能徜徉在美好中，一生蒙福。

學會欣賞人

我總覺得，趙頌熙很有可能是蘇軾的鐵粉，座右銘很有可能就是「凡物皆有可觀，苟有可觀，皆有可樂。」因為他似乎能對所有被負評的人和事作出正面評價。

就以很多人嗤之以鼻的韓國年輕球員張宇鎮為例子。我經常聽到傳媒以及身邊的人對他指手畫腳，甚至可以說是批評得體無完膚。一般說他狂妄，因為他曾經打贏世界冠軍張繼科，然後自我感覺太良好，輕飄飄得挑釁張繼科去，所以大家覺得活該後來他對戰許昕時吞了十一顆蛋。

然而，據趙頌熙的描述，真實的張宇鎮是個特別刻苦、特別認真的人，堅毅的精神值得新一代球員欣賞和學習。他說張宇鎮衝動輕浮的一面被放大了，實際上他每天練習到最晚，對乒乓球付出的心血和汗水是外界難以想像的。他還說，有一次張宇鎮因為練習太累睡着了，錯過了比賽報到的時間，教練氣得當場狠揍他，也顧不上眾目睽睽呀、男人尊嚴呀什麼的了。意想不到的是，那個平常看起來張揚跋扈的張宇鎮，對教練罵不還口，打不還手，始終保持畢恭畢敬。他自知理虧，事後深切反省，痛改前非。這對現今經不起一點罵的玻璃心新一代來說，有幾個人能做到呢？這誠然是一種難得的品格。

很多時候，我們習慣用單一感官認識世界。聽來的，就以為是真的；看到某個畫面，就以為是事實的全部。有幾個人可以謙虛地承認自己的無知呢？我也不得不坦言，在聽到趙頌熙的辯白前，我也的確對張宇鎮抱持否定態度。現在雖然不至於羞愧得無地自容，但也挺不好意思，唯有向趙頌熙學習，把「凡物皆有可觀，苟有可觀，皆有可樂」的人生態度放進口袋。

所以說，一定要像趙頌熙一樣，贏過亞洲中學生錦標賽、參加過青年奧運會、當過北京奧運火炬手，拿過全國青少年乒乓球獎項，與國家主席切磋過球技，才能有尼采說的「誰終將聲震人間，必長久深自緘默；誰終將點燃閃電，必長久如雲漂泊」的胸襟嗎？其實不然，只要願意相信一切人和事皆有美善之處，就不會被驕傲絆住優秀的腳步。

根據美國密西根大學的一項研究，愛挑別人錯字或錯誤文法的人，性格上都偏向固執、不和善。那從每個人身上都看出好處來，在每件事中間都找到美好一面的趙頌熙，大概就是這兩個特質相對的存在了。

因為一次拍攝宣傳片的機會，我家小粉絲成功集郵，用光和影留住了與隨和、友善的趙頌熙相逢的一刻。珍藏的合照至今仍然擺放在我家客廳的顯眼處，每天提醒着我們，偶像並不都高高在上，男神不一定都喜歡一覽眾山小。我們的真偶像、真男神——趙頌熙，優秀而不驕傲。

黃老師的採訪後記

看過一些心靈雞湯類的文字，「真正優秀的人都不會驕傲」，其實驕傲不取決於他優秀與否，反而跟教養有更大的關係。我在趙頌熙身上看到，一個自小家裏教他欣賞別人的人，就不會有那種目中無人、目空一切的驕傲勁兒。

〈馬太福音〉7章3節問：「為什麼看見你弟兄眼中有刺，卻不想自己眼中有樑木呢？」因為人太驕傲了！我長得帥，我驕傲；我有錢，我驕傲；我跑得快，我驕傲；我贏球，我驕傲……只顧埋首驕傲，都看不到真正優秀的人，一直在那裏優雅地謙虛着。

有人說，見過世面的人，就會知道世界有多大，自己有多渺小。於是，他們都會覺得自己的「優秀」，不過是滄海一粟，沒什麼好驕傲的。

李若萱

/ 性別：女

/ 香港賽區粵劇冠軍

賽事和獎牌

在無人打乒乓球的地方堅持練球

與乒乓日久生情

「黃老師，這個女生下學期會轉學過來，你好好想想怎麼栽培她吧！」校長心潮澎湃的事實躍然於臉上，還不忘輕車熟路地翻開一本雜誌的某幾頁，貌似已經品味過無數遍，一邊把雜誌遞給我，一邊舞動着愉悅的眉眼，難掩激動地對我説：「我們撿到寶了，對不對？」

我忙不迭接過雜誌，看到的是洋洋灑灑六頁的大篇幅報道。詳盡的內容都關於某著名劇團的一個大型粵劇表演，還重點介紹了兩位天才小演員，説是粵劇界的明日之星。當時的特首更特意前往後台探班，表達了對這兩位天才小演員的高度重視——這是我和李若萱的初見，她的出場有點隆重啊！

所謂的初見其實也是很不實在的，我並不知道萱萱實際上長什麼樣子，因為雜誌上的她已經化好了專業的舞台妝，粵劇的經典大白臉，加漸變桃紅的眼影連腮紅。妝容的重點大抵是濃得化不開的那雙黑眉和粗重的眼線，眼角眉梢得以飄移拐彎的誇張角度上挑。

這鬼斧神工能把所有演員都畫得顧盼有神，彷彿千篇一律，但乍一看，萱萱好像又有那麼一點點不一樣——她的臉好像特別小，是傳説中的巴掌臉，我猜厚重的化妝品下，應該藏着一個小美人。

我不會參加話劇組

跟萱萱第二次的「初見」，是下學期開學沒多久的一個課間休息。喧鬧的操場上，小孩子們一如平常地把我團團簇擁，倒豆子般嘰嘰呱呱地向我分享他們生活中的大事小事。

幾個分外面熟的小女生像個小太陽一般熱情向我介紹她們中間的一張新臉孔：「黃老師，這是我們班新來的同學！她叫李若萱，從加拿大來的！」

「Hello 黃老師！我是 Crystal ！」真是個面如冠玉，目若朗星的美人兒啊！洗盡鉛華的真人版萱萱説起話來像涓涓流水叮噹作響，美妙動聽、婉轉清脆，氣質有點像少女時代的廣末涼子。

那張濃妝艷抹的粵劇臉一下子在我腦袋裏迸濺，卻讓我感覺難以跟眼前這張出塵脱俗的臉孔對上號。最難得的是她落落大方的態度，可能跟豐富的舞台經驗有關，萱萱完全沒有一般小孩那種怕生、扭捏的小情緒，禮貌周到地跟我打過招呼後，還不忘附上明媚的笑容，我的心就被那麼一束陽光突如其來的照射溫暖了。那一刻，我發現校長挺中肯的，一點兒沒誇大，我們撿到寶了。

校長當初指的「好好培養」，無非就是把萱萱招進話劇組。如果説剛開始的時候，我本來有那麼一點點抵觸的話，看到廣末涼子 2.0 和與她結束了短暫交談以後，想法發生了翻天覆地的改變——萱萱真的好可愛啊！那剪水雙瞳尤其叫人心動，一看就是該放舞台上的眼神。

於是沒過幾天，我就興高采烈地邀請萱萱加入話劇組了。這可是很多家長趨之若鶩的一根橄欖枝，我們話劇組每年獲獎不在話下，更曾多次在公開演出中引來電視、電影製作團隊的青睞。所以成功吸引到「急功近利」的家長直接找上校長投訴我，説女兒考幾次也沒考上話劇組，肯定是我有問題……這一次可不一樣，有聖旨護身，我淡定了。

發出邀請的第二天，萱萱非常懂事地主動找我來報告她和家長的意向。

只見萱萱那雙清澈晶瑩的眸子骨碌骨碌地轉動，彷彿倒映在溪水上的星星，閃耀着夢般的光彩：「黃老師，我不能參加話劇組啊！因為媽媽説舞台劇和粵劇發聲的人體位置不一樣，怕我轉換不過來。謝謝你邀請我啊！」

她的語氣聽上去毫無波瀾，卻又輕撅着小嘴，用最溫柔的姿態訴說着一件似乎讓她隱隱遺憾的事情，無辜又可愛，如果換成其他小朋友，我早就按捺不住朝那臉蛋捏上去了，可惜萱萱那巴掌臉實在太小，我完全無處下手，可惜了！

給溫柔最好的回應就是加倍的溫柔了，於是我以最溫柔的聲音，搭配最溫柔的笑容對萱萱說：「沒關係的！黃老師還是那麼喜歡萱萱！」

沒想到，我的溫柔竟然換來一場血腥。三天以後，萱萱讓我的心淌血了！趾高氣揚的體育老師沾沾自喜地向我炫耀說：「把你狠拒的萱萱同學加入我的乒乓球隊了！噢耶！」

我愛粵劇也愛打球

黃老師表示很受傷！話劇難道沒有乒乓球好玩嗎？黃老師難道沒有體育老師溫柔嗎？

「不是你想那樣的，黃老師！」萱萱驚慌失措又不失優雅地向我解釋道：「因為乒乓球是室內運動，不會曬黑，不影響我粵劇化妝，而且打乒乓球跟對手隔着一張網，不怕受傷，不影響我粵劇演出，我這才選擇乒乓球的。關鍵是我班很多同學加入了乒乓球隊，我想多跟他們待在一起，儘快融入新環境嘛！」

言下之意，粵劇才是第一名啊！我並沒有輸給體育老師！我沒有！好了！我的心理這下又平衡了。

不難理解粵劇何以在萱萱心中佔有舉足輕重的分量。萱萱出身藝術世家，爸爸自小投入粵劇表演，媽媽雖然大學畢業後才接觸粵劇，但成就超越爸爸，而且精通多種中西樂，鋼琴、古箏、琵琶……技能滿點。

萱萱在這樣的藝術氛圍下成長，加上父母刻意的栽培，她從三歲起就學粵劇了，功底自然不是一般的好。

這位小時候被譽為粵劇界明日之星的小演員不負眾望，十歲開始奪得的殊榮一個比一個含金量高，學界冠軍算是小菜一碟了。

我最難忘的是某個農曆新年，好久不曾圍在電視旁的我和家人如癡如醉地注視着屏幕中的小臉美人兒，見證她勇奪香港賽區的冠軍，成功爭取代表香港參加國際城市邀請賽的重要時刻，那是我第一次覺得粵劇原來這麼好看。家人一個勁兒地誇：「你學生長得好好看啊！參賽者中她最美了！」我卻專心致志得忘了澄清那不是選美比賽。

後來萱萱代表香港獲得了全國季軍，我覺得普通的溢美之詞已經不足以表達我內心對這個小女孩的欣賞了。

有這個已進入化境的興趣愛好，乒乓球還算是一件事嗎？

「後來，我深深愛上了乒乓球呢，黃老師！」雖然隔着屏幕，但絲毫不影響我捕捉她的情真意切。

愈難的事愈要用心

沒錯，現在我們已分居兩地，被隔在網絡的兩端了。萱萱從活生生的小美人變成線上的大美人。早於一年前，她已回到加拿大定居，新冠肺炎疫情影響全球，萱萱不忘和我約了網上聊，關心一下彼此的近況。萱萱已經唸中三了，一眨眼變成亭亭玉立的翩翩少女。

「後來你是怎麼愛上乒乓球的呢？」我純粹好奇，畢竟事過境遷，已完全不存在跟體育老師較勁的想法了。真的！哼！

「三年級加入乒乓球隊後，**我發現打乒乓球特別難，對我來説很不簡單。那是一個嶄新而充滿未知的領域，但因為愈難的事愈要用心做才能做好，所以我不知不覺就把心思投放進去了。**」説着説着，萱萱那雙迷人的眸子綻放出似曾相識的光彩：「還記得第一次參加學界乒乓球賽，我簡直親身體會了一把劉姥姥遊大觀園，感覺目不暇給，眼界大開。我看見很多很多打得很好的球員同場較量，球來球往，乒乓聲此起彼落，不絕於耳，場面盛大熱鬧。原來看到對手的感覺如此美妙，我內心竟然泛起一種難以言喻的激動。因為以前比賽前都疲於奔命地化妝，比賽後則爭分奪秒地卸妝，畢竟化妝要幾個小時，卸妝也要幾個小時，化妝師又按小時收費，哪裏花得起這個時間看對手呢？乒乓球不一樣，想看哪桌去哪桌，園遊會一樣，可喜慶了！」

萱萱眸中那點似曾相識終於喚起了我的記憶，小時候她告訴我她有多喜歡粵劇的時候，眸光正燦爛一如現在。

如果説萱萱跟粵劇是指腹為婚、青梅竹馬的話；她跟乒乓就是日久生情，至今也許已經情根深種了。

在那沒人打乒乓球的國度

情根深種是我最簡單粗暴的感受，因為萱萱説加拿大的卡加利是個完全沒有人打乒乓球的國度，更遑論球館、比賽什麼的。萱萱爸爸披荊斬棘、排除萬難網購乒乓球桌安放家中，每天跟萱萱享受酣暢淋漓的乒乓樂。

「看來爸爸也是個乒乓球狂熱分子啊！」

「也説不上吧！」萱萱臉上的幸福一覽無遺：「爸爸是因為我喜歡乒乓球，才去學打的，他想陪我打嘛！」難怪這份熱情叫人莫名感動，原來那是來自父親對女兒的愛。

「雖然爸爸總輸給我，但從來不生氣。我好喜歡看爸爸輸球的樣子，看起來好可愛！」

「爸爸真的很疼你呀！」從小到大沒有感受過父愛的我表示非常羨慕！

「他是一個溺愛型的父親，小時候我説喜歡某一件玩具，他就幾乎買下整家玩具店。」我只能説這為愛而當的土豪，真是揮金如土得別有一番風味。

但這下我就奇怪了，萱萱明明就可鹽可甜，淡妝濃抹總相宜，土豪爸爸又是如何成功避過教養出港孩女兒的惡果呢？

「因為媽媽是個嚴格型母親啊！」提起嚴格型母親，萱萱臉上卻沒有預想中的敬畏，反而有溫柔的氣息洋溢於嘴角：「但她不是那種要求我一定要贏的怪獸家長，只要求我全力以赴做好每件事。演粵劇必須認真，打乒乓球也要認真。」

萱萱愛媽媽，因為媽媽的要求合宜合理，推動着她成為更優秀的李若萱。只要認真練習就能滿足媽媽的期待，這很有鼓勵性！因為這是只要願意就能達到的目標。

難怪萱萱用死裏逃生的表情告訴我：「我以前參加粵劇比賽遇到很多家長都奉行『輸比賽你就下地獄』的教育理念，他們的孩子可慘了，我親眼見過一個輸了比賽的小朋友，媽媽氣得險些兒趁替他卸妝時把他臉皮給扒掉！幸好，媽媽從來不在乎賽果，只要看到我認真盡力，就心滿意足了。」

不用顧忌輸贏，萱萱自然能愜意追夢。紛沓而至的成就全都變成出人意料的收穫。

有這麼一對互補長短、合作無間的好父母，萱萱對加拿大新生活的不適應只維持了很短時間，萱萱表示自己可謂光速融入了截然不同的校園環境。

「上學第一天，老師要求我自我介紹，他們聽到我的專長和興趣愛好是粵劇和乒乓球以後，馬上以肉眼可見的速度換走原來那些事不關己、漫不經心的表情，取而代之的是滿臉的不可思議。後來他們告訴我，他們從沒見過，也難以想像現實生活中真有人會粵劇和打乒乓球的。在之前十多年的人生中，他們只在電視見識過這種中國風玩意，覺得特別有距離感，特別不真實。大概想確認我是個真人無誤，大家都積極地過來跟我接觸。」

萱萱甜甜地笑着說：「其中有一個同學是中國人，她生於加拿大、長於加拿大，對中國一無所知，但卻對有關中國的一切充滿好奇，於是對我這個在大家看來『特別中國』的新同學簡直熱情如火，每天拉着我刨根問底，我一點兒也不寂寞。」

果然技多不壓身，同時兼具粵劇和乒乓球兩項國家級技能，使萱萱身處冰天雪地的加拿大，卻感受到冬日暖陽的溫度。

回想起來，乒乓球已經不只一次成為萱萱融入新生活的和平使者了。小學三年級那一次，因着參加乒乓球隊，萱萱與新同學彼此相識相知。如今遠赴加拿大，乒乓女孩的人設也令萱萱成為外國同學眼中叫人另眼相待的一個特別存在。

也許萱萱並沒有在乒乓球領域獲得過什麼驚人的成就，但有的人選擇為乒乓傾盡所有，換來半生輝煌；**有的人選擇與乒乓細水長流，一輩子沐浴在不溫不火的暖流中。在乒乓路上，萱萱沒有足夠照亮世界的光，但她照亮了自己的生命，這就足夠了。**

黃老師的採訪後記

決定贏輸的因素很多，天時、地利、人和都不是孩子可以掌控的，如果以輸贏來評價孩子，太令孩子沮喪了。沮喪就失去信心了，失去信心就沒辦法做好任何事了。

我反思自己有沒有像萱萱的媽媽一樣，做一個期望合宜合理的母親，答案是有的。然而大爺和萱萱的心態繆以千里，那是為什麼？個性是一部分原因吧！

我的想法也許跟萱萱媽媽一致，但溫柔遠不如她，這就令結果截然不同，這是另一部分原因。

其實《聖經》也告訴我們溫柔的重要，〈箴言〉15章1節指出：「回答柔和，使怒消退；語言暴戾，觸動怒氣。」

再好的用心，沒有溫柔的言辭表達，一切也是徒然，甚至會弄巧成拙，一個不小心把自己活成狗血電視劇中的嘮叨黃臉婆而不自知。要修煉出萱萱媽媽的溫文爾雅，現在才學個樂器大概為時已晚，唯有多讀《聖經》，緊記神的選民要存憐憫、恩慈、謙虛、溫柔、忍耐。

劉家志

/ 性別：男

/ 天悦球隊隊長

賽事和獎牌

成為全職運動員

打球直到盡頭

這幾年在中學任教，我主要教的是中三。因此得知劉家志正在讀中三的時候，心底不禁產生了條件反射般的比較。

記得那是乒乓論壇主辦的學界團體賽，早上的小組賽結束後，小組首名和次名要繼續參與下午的淘汰賽。大爺和他兩位雅健隊友成功晉級，因此要擠到摩肩接踵的何文田體育館餐廳吃一頓無關滿足，只求飽肚的午餐。

餐廳的座位嚴重供不應求，讓我們惡狠狠地感受了一把香港地吃頓飽飯談何容易的悲哀。我們四位小將家長兵分四路，三人分散投資輪候餐桌，一人爭分奪秒排隊買飯，經歷千辛萬苦，終於成功安排三個小男生落座。

有心細如塵的家長貼心地為他們仨遞上一切所需，拭嘴的紙巾、擦手的濕紙巾、搓手的酒精、洗好的餐具……放滿一桌，三位主角才隆重開始吃飯儀式。

當時正值四人限聚令頒行中，另外三位家長跟領隊黃永光教練一桌，而我則非常光榮地留下來跟三位主角一桌，因而有幸目睹接下來的一幕，見證有品球員閃閃發光的瞬間。

身後如過江之鯽的人潮令我不自覺變身嘮叨老阿姨，不斷催促三位主角速戰速決，儘快為輪候的人騰出座位。然而，在差不多一年的限聚令箝制下，三位主角難得聚首，顯然就如脫韁野馬，口若懸河地天南地北，聊個不亦樂乎。

果然，沒過多久，三男一女的天悅球隊悄生生站到邊上，表示開始輪候我們的餐桌。我就急了，才剛把催促的倍速加到 x16，卻冷不防聽到身後傳來一個淡定自若的聲音：「不急的阿姨，讓小朋友慢慢吃，我們等一下，沒關係的。」

混亂飯堂中的紳士

循聲望去，發現一個皮膚白皙，斯文秀氣的小青年。他鼻樑上架着的黑框眼鏡，並沒能掩蓋他眼眸裏的真誠，嘴角溫文爾雅的微笑就像和煦的春風，叫人心生好感。

我一眼就把他給認出來——他是天悅球隊的隊長劉家志。因為在那之前，我家老爺曾經跟他對賽，輸了一比三後，老爺一臉心滿意足道：「沒想到我一把年紀，還能在小青年手上拿到一局，我覺得人生又有希望了！」關鍵是這位小青年還打得挺不錯，老爺才會感到雖敗猶榮吧！

眼前的家志有條不紊地安排隊友分散投資，輪候不同的餐桌，又指示一位隊友先到那彷彿看不到盡頭的人龍中排隊買飯。剛才我們幾個大人的戲分，現在換了角色由這幾個小青年來演出，卻毫無違和感，反倒讓我覺得他們好成熟呀！他們看上去也就中一、二的年紀，不比我們三個五、六年級的小將大多少。尤其是家志，感覺是隊友的大哥哥，可實際上他才中三，這份領袖風範實在難能可貴。

我認識的中三男生很多還是很幼稚的。讓他們幫忙去拿點東西，已經能叫他們瞬間崩潰，就差牽衣頓足哭喊「為何偏偏選中我」了。然而，家志被教練指派當領隊，顯然是心甘情願，甚至可以說非常稱職。

我們三位小將也是很為別人着想的好小孩，看到有人在邊上等，也就機靈提速，三下五除二，把東西吃個清光，謝絕嘮叨阿姨再次發功了。

就在這時，玄幻的事情發生了！三個小孩吃完飯，卻竟然有八隻手在桌面上收拾東西！多出來的兩隻手到底是怎麼回事？聰明的你肯定猜出來那是家志的援手了！

我們給他們讓座以後，家志當然不忘連連稱謝，然後非常紳士地請隊中的女生坐下，由他和另外三個男生去買飯、張羅餐具……天呀！他跟我認識的中三男生哪裏是一點兒的不一樣？完全是大相逕庭、南轅北轍、天差地別、迥然不同、判若鴻溝……

媽媽的變心

下午的比賽，雅健小將和天悅球隊在八進四的時候碰頭。首場由大爺對戰家志。作為大爺的死忠粉，只能說我那次真的非常失職，不但沒有為大爺送上片言隻字的打氣，還倒戈相向，為一開局已落後零比八的家志吶喊助威。

事緣家志那種落後不放棄，沒到最後一刻依然掙扎求存，堅持想盡辦法扭轉乾坤，哪怕最後敗興而歸，輸給了小屁孩仍然不失風度地禮貌點頭，向對手表示認同和讚賞的體育精神深深打動了我，使我真的情不自禁地由衷欣賞這個與別不同的男生。

聽過一些老前輩說，乒乓球是一種很高雅的運動，以前英國的貴族甚至是盛裝上陣的，像家志這種贏得優雅含蓄，輸得漂亮內斂的才是乒乓球運動該有的樣子，但能這樣演繹乒乓球的人，現在卻是鳳毛麟角、難得一見。

耳聞目睹過有孩子城府甚深，比賽前先避過裁判的耳目，在對手耳邊罵髒話，讓對手的心情提前凌亂一下以便求勝；也親身見證過有孩子輸球後深深不忿，順走對手球拍的……這些事情，動靜小小的，反映的品格卻不是一點點的低劣。

不勝枚舉的反例，令家志的好品格顯得彌足珍貴。到底有品球員是怎樣煉成的呢？雖然有七成家長不同意，但我還是要說孩子的素質最主要由家庭教育來塑造。

品格孩子，有愛的家

以家志為例，他來自一個有愛的家庭，使他順理成章被教育成一個有愛的孩子。家志和父母的關係很好，和很多幸福的小朋友一樣，父母平日工作再忙，週末的時候，總會跟他樂聚天倫，共度親子時間。

就在他五年級的某一天，爸爸和他到體育館玩乒乓球，沒錯，當時只能用「玩」這個動詞，只因父子倆都對乒乓球一竅不通。

然而，家志卻從那場與乒乓球不經意的邂逅中陷入了不能自拔的念念不忘裏。以後每個星期的親子時間，家志的父母都不用費煞思量，帶兒子到不同的地方玩了，因為家志已一門心思撲到乒乓球上。這不是一見鍾情是什麼？於是，我好奇問家志，乒乓球到底是哪一點吸引到他了？

家志竟然有點遍索枯腸，不成一句的反應，嘀咕了半晌，最後，我才聽見他說：「具體説不上是哪一點吸引到我，但反正我就是完全不想停下來，只想一直打一直打……」所以，家志也是要一直打到人生的盡頭嗎？

這一次，家志毫不猶豫：「是的，我要一直打到人生的盡頭。我的夢想是成為全職乒乓球員。我知道我起步晚，錯過了很多乒乓球員重要的時刻。我沒有參加過『恒生新一代乒乓大比拼』，但我發現很多香港隊隊員小時候也是得獎者。既然錯過的不能挽回，我就從現在開始比別人更努力，期待在未來把距離拉近！」

的確，家志五年級才開始學球，算是很晚了。我家大爺四歲多開始學球，起初以為這算是早的了，後來才發現還有更早的，最誇張的是兩歲的孩子已經被放在乒乓球桌面上學正手攻球。

在一切講求贏在起跑線的香港，可能家志在很多人的眼中已經先輸了一局。於是，我大着膽子問：「如果真的一直打，但都沒有得到你理想的成績，你還打嗎？」

家志的語氣堅定不移：「打！我是基督徒，我相信所有的逆境都是天父給予我們的考驗而已。當我告訴天父我愛乒乓，而祂賜下考驗，代表只要我通過祂的考驗，祂就會認同我的這份愛！」

當家志告訴我他是基督徒的時候，我終於明白為何他是如此與眾不同。只因基督是他的一家之主，他所接受的家庭教育令他明白「鼎為煉銀、爐為煉金；唯有耶和華熬煉人心」（〈箴言〉17 章 3 節），並且堅信「祂試煉我之後，我必如精金」（〈約伯記〉23 章 10 節）。

重點是神在考驗家志的同時，在他的夢想之路上安放了天使，令他時刻力量充盈。

「爸爸媽媽總是無條件愛我，知道我把乒乓球放在第一位，把讀書放在第二位也沒有阻止我、質疑我，還用行動支持我。他們為了幫我報名各區的分齡賽，天未亮就出去排隊了。他們這麼辛苦換來我比賽的機會，儘管我輸了，也不會責怪我，還會鼓勵我，我真的很感謝爸爸媽媽。」

「感恩」對很多時下年輕人來説已經是文物了，家志真是一個難得的好青年。球打得好也許是重要的，但打得再好，它也不可能幫你贏下每一場比賽；然而好的品格卻肯定能替你走好人生的每段路，讓你成為人生贏家。

「還有我的教練，」家志繼續真誠地給我介紹他的另外一位天使：「發哥好像一個魔術師，令我從『不會』變成『會』；令我從零分球員變成丁組一員。他帶我去台灣、日本打比賽，令我看到書本看不到的世界，是我父母以外對我最重要的一個人。」

梁東發教練曾經説過自己非常重視球員的禮貌，也刻意教導他們飲水思源，看來這些信條都在家志身上得到了完美的體現。

在良好的家庭教育和正面的球會文化影響下，家志和他的隊友輸給雅健小將後，並沒有選擇離開。他們默默地坐在場邊，專注、虛心地觀摩餘下的比賽，就像一汪清泉，安靜而亮麗。

因為做不好，更要用心做

我和老爺也希望大爺可以以家志為榜樣，自那一次比賽認識家志以後，我們每星期一次約家志和大爺一起打球，星期天也參加家志他們球會舉辦的球局，為求讓大爺近朱者赤，耳濡目染，做個有品小球員。

作為中三級科任老師，我自然了解中三學生有多忙。他們都預備選科了，修讀的科目比別的年級多，功課、測驗也相對更繁忙。然而，這段時間發現家志總是「有球必應」，頻繁地練習，令我深深疑惑：難道他真的一點兒不擔心選科嗎？

懂事的家志原來早有計劃。他打算選修體育，這正好也為職業乒乓球員的夢想作好準備，更謙虛地表示自己現在球還不算打得十分好，但是他不會認輸：「愈是做不好的事情，我愈要用心做！我會和它鬥到最後、周旋到底！」

家志最打動我的一句話是：「很多人說『努力一定有回報』，有的人同意，有的人反對。**我則認為這句話正確與否視乎我們如何定義『回報』。我理解的回報是朋友、是經驗，所以我覺得自己努力已經有了回報。**」

家志的努力，我相信天父早已察看，為他預備的回報，大概不只有朋友和經驗。期待這份回報隨年月紛呈，和我一起見證家志夢想成真的一天！

黃老師的採訪後記

根據 2019 年香港家庭教育學院公布一項「香港學童禮貌表現」調查，發現七成家長認為教導孩子有禮貌的最大責任，在學校或政府公民教育，而非家庭教育。這個調查結果，簡直刷新了我對這個世界的認知。專家批評家長心態有問題，雖然我不是專家，但我這回要當一次專家的跟屁蟲，因為專家這次真的很給力，評價精準到位。

調查還告訴我們更多叫人難以置信的結果，例如逾八成受訪家長表示，子女在過去一個月只有間中（37.7%）、很少（26.9%）、甚至從不（18.9%）主動向家長說「謝謝」，這是一個多麼令人咋舌的數字啊！

先想一下孩子的歸屬，那不是我們的孩子嗎？我從小就知道「自己的事自己做」，教育孩子自然也不例外，所以我一直以為教孩子有禮貌，父母是責無旁貸的。

在這麼叫人匪夷所思的大環境烘托下，家志的彬彬有禮令他成為一個別人眼中與別不同的中三男孩。

林希文

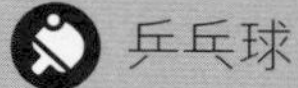

/ 性別：女

/ 美國青年隊代表

賽事和獎牌

一輩子快樂地打球

乒乓友誼

那天，甫踏進九龍公園的副場，八張標準的藍白乒乓球桌一如既往地整齊排列，球桌兩端則毫無懸念地站滿了打球的人。這明明是最樸實的球局佈置，卻給了我彷彿置身國際賽場的錯覺。

一切只因眼前那個光耀奪目的女生，我有幸現場感受了一次電影的長鏡頭如何慢鏡聚焦在步子分開，身子下蹲的女生身上，光源從後而至，使她的身影籠罩在一片暖黃中，那應該就是傳説中的主角光環，然後鏡頭貪戀地特寫她的臉龐，把她那雙專注盯向來球，彷彿要把人給盯出一個洞的眼睛無限放大，再定格。這個閃閃發亮的女生，就是美籍華人林希文。

無法不成焦點的女孩

場上的希文輕易成為焦點，吸引我眼球的，還有她那雙瑩白修長的美腿，因為專注，她人高腿長，卻偏偏蹲得很低，接發球的姿勢以至用球拍搧涼的小動作，還有沉着應戰的神態都充滿了國際球星風範，叫人不得不懷疑她是從電視裏跑出來的女孩。

媽媽視覺就是只要孩子在場，其他的人和事都一律會淪為陪襯。媽媽的眼構造都是非比尋常的，一般看不到別的，滿心滿眼就只有自己的孩子。

我本來也不例外，但那天，我不得不承認一件事，哪怕大爺知道以後可能會深受打擊，就是自希文出現在我眼前那一瞬開始，我的注意力都被她牢牢抓住了，這大概就是傳説中的球星魅力。

陪伴大爺闖蕩球場多年，還是第一次遇到讓我挪不開眼球的女生。於是，我忙不迭問我家老爺：「這女生是誰啊？好迷人的氣質呀！」

原來希文是美國青年隊代表，在 2019 年恒生香港青年乒乓球公開賽中與香港及敍利亞青年隊代表組成聯隊。年僅十五歲的希文，已經踏足過國際賽場了，難怪一舉手一投足都瀟灑自信，魅力四射。

疫情下，希文回流香港。因為時差，她要在香港時間的夜晚上美國那邊早上的網課，直至香港時間凌晨五時。她在香港時間的早上並沒有選擇補眠，難得地走到乒乓球桌旁揮灑汗水。果然，青春就是任性，為夢想而任性的青春就更是別樣絢麗。

友情滿滿的球場

我們在一個叫「球局」的場合遇上她，那並不是一種很正式的比賽，但希文卻認真以待，這是她給予每一個對手的尊重，充分顯示了她的修養和運動員的氣度，特別難能可貴。

球局的賽制很特別，不論性別、年齡分組，那就是説男生可以對賽女生，大人可以對賽小孩。因此，當大爺和老爺看到海量的球局宣傳短訊時，發現有關九龍公園球局的短訊中，特別劃分出一個專區，以多星標示着「美國青年隊代表美籍華人林希文已經參加」的時候，父子倆表現出前所未有的默契，光速鎖定該球局，目的只有一個，就是與希文交流切磋。

可惜大爺當天沒有被編進與希文同組的運氣，小組賽也只以次名出線，無緣對戰首名出線的希文。於是，唯有死皮賴臉地等所有賽事結束，再主動向希文約戰。

我也不知道希文是不知道自己在其他人眼中就像明星一般的存在，還是她本就平易近人，她毫無架子，跟大爺鏖戰三盤，令大爺收穫了大滿足。

然而，大爺還是不願走，彷彿多留一會兒就可以多嗅一會兒國際氣息，一輩子留在那裏，就可以一輩子幸福快樂一樣。

反正閒着也是閒着，白等他不如向小明星搭下訕。於是，我向正在收拾細軟，準備離開的希文強行釋放善意：「你好呀希文！我是綺晨的媽媽！」

「Hello auntie！」希文慷慨地送了我一個典型的ABC式陽光燦爛到耀眼的笑容，搭配這句沒有翹舌音，卻能讓我想像出來她翹舌音肯定非常順溜的美式英語，令我直覺她應該是個不諳粵語的女孩。

可我剛剛明明看到她跟場上另外兩個同樣看似打算在那裏待到天荒地老的男生談笑風生啊！要不兩個男生都是學霸，英語口頭表達能力「杠杠的」，要不三人交情甚篤，認識已久。

我的腦補還沒結束，兩個男生就走過來用流利粵語跟希文說下次再約出去打球。慘被打臉的我不慌不忙按下第二個按鍵，開啟備用檔案：「你們好像很熟稔啊！」卻聽到希文用蹩腳的粵語說：「也沒有很熟稔，我們今天才剛認識。」

痛遭兩番打臉的我頓時明白了一個道理——有時候，交朋友根本不需要操相同的方言，也不用窮半輩子光陰，只要有一個共同的興趣愛好就可以了。**乒乓球誠然就是希文和大家溝通的那一線光纖，能令人與人之間的距離一下子被拉近，甚至讓彼此怦然心跳的聲音清晰可聞。**

雖然在很多人眼中，英語才是那個戰無不勝、攻無不克的國際語言，但以英文為第一語言的希文，顯然暫時沒有在她的人生中接收到箇中優惠，反倒是乒乓球盛載了她和朋友之間的友誼小船。

「我在香港比較熟的朋友是去年恒生香港青少年乒乓球公開賽跟我組隊的香港青年隊代表。我們有很多共同話題，比如最近，我們就發現那個跟我們組隊的敘利亞女孩竟然拿到參加奧運的資格！她才九歲呀！我們都覺得太不可思議了！」只見希文白皙的小臉上寫滿了羨慕，竟然有點難得一見的嬌憨。

「這次回來，她帶我遊香港，又給我介紹球會和教練。香港有很多不同的球局也是她告訴我的。原來在香港想打球很容易，比美國好太多了！」

乒乓友誼看來十分靠譜，這位香港青年隊隊員完全把香港人好客之道發揮得淋漓盡致，真要給她一個暴擊級別的點讚！

萬人欣羨與曲高和寡

我了解希文説的在美國打球不容易，不比香港夜夜笙歌，各種球局在港九新界各體育館走馬燈一樣次第舉辦，只要想打球局的心動了，就可以立即行動。乒乓球在美國是小眾運動，沒有那麼多的球局，也沒有那麼多的愛好者。希文説，打球的人屈指可數，真的一點兒不誇張，她全都碰過面了：「大家對美式足球比較狂熱，連女生也玩得特別厲害！」

我驚訝得語無倫次：「那她們的腿豈不是很粗？」

「的確如此！」希文竟然由衷同意，毫不猶豫地點頭稱是！也對啊！她的修長美腿那麼好看，肯定有想過一輩子不碰美式足球，絕對不要毀掉這雙腿之類的！

因為不怎麼在意腿的粗細，希文在美國的朋友們都沉醉於美式足球的魅力中不能自拔。乒乓球在她的朋友圈中是曲高和寡的玩意，她甚至都沒有向朋友展示自己美國青年隊的光環，大概朋友都不了解。在她的記憶中，放學後無數次為了練球而拒絕與朋友逛街的邀約，朋友只表示費解。

沒有氛圍，也缺乏同行者，聽起來，在美國打球好寂寞啊！那到底是什麼支持希文勇敢前行的呢？

「倒沒有感到多寂寞，只是有時候，我真的很憎恨它！」臉上毫無波瀾的希文竟然用上「憎恨」這麼辛辣的字眼，「就在我怎麼努力、怎麼認真也打不好的時候，我真的很憎恨它。」

那不就是因愛成恨而已嗎？本質就是愛啊！

果不其然，希文繼續柔聲細語地把她和乒乓球握手言和的過程娓娓道來：「幸好教練總會安慰我，其實教練說的是普通話，我不能完全聽懂她說的內容，也不會用普通話回應她，但教練用球桌上的實踐告訴我怎樣的球該怎樣打，我就理解了，然後按她教的方法日復一日地練習，慢慢覺得自己球技有所提升，我又喜歡乒乓了，我好喜歡乒乓帶給我進步的感覺。」

希文告訴我，除了父母以外，教練就是她最信任、最能給她安慰的人。在她的生活中，沒有什麼鬱結是打一場乒乓球消除不了的，一場不行就打兩場。只要跟教練酣暢淋漓地來一場乒乓球比賽，什麼煩惱都能煙消雲散。

乒乓路上不寂寞

2019 年的 US National（美國乒乓球錦標賽），希文失落了美國青年隊的資格，那可能是希文在乒乓路上遇過打擊比較大的一次。那是美國一個大型的公開選拔賽，只要打進前四就可以直接入選美國青年隊。

距離成功僅一戰之遙，八進四的時候，希文遇上了一個打長膠的女孩子。由於美國球局不常有，她在那以前沒有接觸過長膠選手，球會隊友中也缺乏打長膠的，根本沒有相關的經驗，於是一下子沒能適應古怪的長膠，輸掉了比賽，也失落了入選美國青年隊的機會。希文當時難過得躲進洗手間哭了好一會兒。

球場外，斂去鋒芒，希文是那種白白嫩嫩，臉蛋圓圓，長得份外可愛的小女生。明明有資格在傷心難過時要摟要抱要舉高高，希文為什麼選擇躲起來呢？那是因為她不想別人看到她哭的樣子，尤其是爸爸。當初她是為了陪爸爸才在十歲那年開始學打球的，所以想讓爸爸一直看到她快樂打球的樣子，讓爸爸覺得自己幫女兒做了一個很好的選擇。

一個如此美好的女孩子，天父自然捨不得她難過太久。於是，希文在同年十一月的 US National 中，終於摘下桂冠，躋身美國乒乓球青年隊的行列。

我對希文説：「你知道嗎？你這個美國青年隊隊員的身分好有號召力啊！我兒子也是看到球局宣傳説，有對戰美國青年隊隊員的機會才參加呢！」

希文粉嫩的臉蛋頃刻就泛起一絲小羞澀：「我知道他們用這個作招徠，雖然我看不懂中文，但媽媽告訴我了。我覺得也沒必要吧！其實美國青年隊也沒有什麼了不起的，我也經常輸球的。」

「你完全看不懂漢字嗎？」我有一點點小驚訝：「那你在美國能關注香港的事嗎？」

「能的！」希文又展示她那純真的笑容，潔白的貝齒瑩瑩發亮：「尤其是乒乓球的消息，我特別關注。我會請媽媽把香港的體育新聞讀給我聽，如果我知道香港這邊的朋友有乒乓球比賽，就會給他們發訊息加油打氣！」

說普通話的教練也好，說粵語的香港乒乓球朋友也好，希文跟他們看似不在一個頻道，卻又好像有共同語言——其實乒乓球也是一種國際語言，起碼對希文來說，它的確在希文傷心難過的時候，通過教練的球拍，把最踏實的安慰打進了她的心底；**它又在希文身處香港這個陌生環境時，通過一場又一場的比賽，拉近了她與其他人之間的距離；還在希文回歸美國，孤單地享受着乒乓球樂趣時，幫她維繫着地球彼岸的友誼，令她覺得乒乓球路上一點兒不寂寞。**

黃老師的採訪後記

希文的中文不太好，所以我想教她「愛」和「喜歡」兩個詞的區別。你喜歡花，於是摘花；你愛花，於是澆花。乒乓球在希文心裏的重量，不在於輸贏，不在於拿到多少獎項，也不在於獲得什麼頭銜，只為追求個人的進步，嚮往一輩子與乒乓球攜手共度，這是愛。

我們都是時光的旅客，我們都在完成一趟旅程。走了很久很久之後，回過頭來，發現在某個驛站，曾經遇到過那麼美好、單純的嚮往，那就夠了。

哪怕這份美好、單純的嚮往對希文來說可能難以宣之於口，我仍堅信對乒乓愛得純粹的希文能帶着珍愛的一切過去，努力地經歷現在，幸福地奔向未來。

何兆城

乒乓球

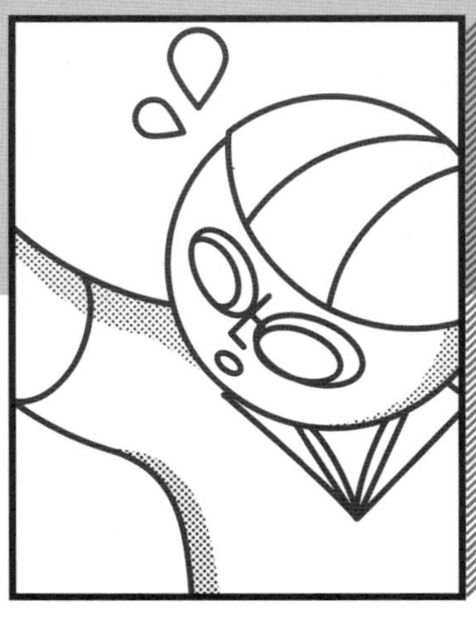

/ 性別：男

/ 乒乓及游泳運動員

賽事和獎牌

以愛還愛，幫助他人

愛打球，更愛朋友

「媽媽，你可以再請冰冰阿姨讓琛琛學打乒乓球嗎？」大爺眼中翻騰着洶湧的渴望，再一次向我提出這樣的懇求。

他口中的冰冰阿姨是我妹妹，琛琛是他的表弟。琛琛今年五歲，早前我妹妹已經讓大爺如願過一次，帶琛琛參加過一次乒乓球課，無奈琛琛非常直白地表明自己只愛撿球，不愛打球，我真不理解大爺怎麼就這麼不依不撓。

雖然我內心已經把白眼翻穿了自個兒的天靈蓋，但基於禮貌，我還是竭力保持優雅，扯出一個得體的微笑道：「為什麼表弟一定要學乒乓球呢？」你是控制狂嗎？

「因為我真的很想像兆城哥哥一樣。」還沒説完，大爺彷彿已經獨自沉醉在美好的想像中。

他説的兆城哥哥是我知道的那個兆城哥哥嗎？大爺口中那個兆城哥哥到底對他做過什麼？令他心中留下如此深刻的心理陰影，導致他心懷這強烈的執念，執意當一個控制狂呢？

「我也想像兆城哥哥一樣當小教練，琛琛比賽的時候在場外指導他啊！」噢！那他說的和我心想的是同一個「兆城哥哥」了，他叫何兆城，他對大爺做過的事，都是很好很好的事。

只年長兩歲的小教練

大爺學球以後，參加過不少球局，認識了好些朋友。在他二、三年級的時候，「兆城哥哥」肯定是在我們家裏出現頻率最高的名字。大爺好喜歡這個哥哥，老說兆城哥哥很疼他，搞得我以為這位兆城哥哥是二十好幾的那種哥哥——要不然怎麼用得上「疼」這種字眼呢？

直到大爺三年級參加荃灣乒乓球分齡賽 U9 比賽那一次，兆城哥哥擔任他的小教練，我第一次親睹傳說中「兆城哥哥」的風采，才發現原來他不過是比大爺大兩歲的小男生。

但這個小男生有別於一般十歲的男孩子，他真的很會照顧人。比如過馬路的時候，他會主動牽着大爺的手；吃東西的時候，他會讓大爺先選自己喜歡的；大爺哭的時候，他還會給大爺遞紙巾，重點是，兆城長得真是太帥了！簡直是乒乓球壇一棵挺拔的小草！令我不得不稍稍埋怨了一下，世界欠我一個兆城哥哥！

因為分齡賽不是什麼大型比賽，教練一般不會出席作場外指導的。加上老爺在之前的球局中發現一個叫人難以置信的奇蹟——大爺在兆城哥哥面前竟然乖巧如小綿羊，什麼脾氣都沒有，所以就厚着老臉，請兆城哥哥百忙中抽空來當大爺的分齡賽小教練。

這句「百忙中抽空」真不是什麼客套話，我剛開始只知道兆城哥哥乒乓球打得好，位列他出生年分的香港前八。後來才知道他游泳也是香港同齡裏的前列運動員，成績相比乒乓球甚至有過之而無不及，簡直帥出宇宙！

要平衡兩項同時達到高水平的運動項目，説來是三言兩語，實踐起來的難度，我説是達到史詩級別，相信也沒有人敢否認的。但兆城做到了，到底他是怎麼做到的呢？

練習練習練習

兆城從容不迫的態度，彷彿在説：「這還不簡單！」他每逢星期一、三、五放學後練習乒乓球，每逢星期二、四、六放學後練習游泳，星期天就陸路、水路同時開通，既練球，又練水，就可以把兩者兼顧好了！

這種生活節奏如果換成是我的話，大概沒滿一個星期，我就駕鶴西去了。然而，從兆城輕描淡寫的語氣中，我感覺到他覺得這一切都是理所當然的。

兆城是對的，要成功就理應把一切艱苦視作理所當然。然而，當我得知兆城如此忙碌，仍在百忙中抽空來當大爺分齡賽小教練這個舉動，就令我份外感動了！促成這一切的，到底是愛還是責任呢？

兆城說他願意為大爺放棄一天寶貴的練習，是因為他覺得大爺好可愛，還很勇敢。大爺是長得有點可愛，這點大概隨我！哈！可那「勇敢」是怎麼回事呢？

「乒乓球不比游泳，游泳拿不到冠軍，也許創造了個人最佳紀錄，兩者同樣值得慶祝。乒乓球對抗性很強，贏就是贏，輸就是輸。面對實力懸殊的對手，你明明知道必輸無疑，卻要站在那裏承受劈頭蓋臉的蹂躪，其實要付出無比勇氣。綺晨這麼小，就能堅持到最後，徹底輸了才哭，已經很勇敢了。我還記得我二年級的時候，參加恒生新一代大比拼 U7 比賽，從第一局哭到第三局呢！」

其實能從第一局哭到最後一局也很勇敢了。我曾經見過一個八、九歲的孩子，比賽開始沒多久，他就落後，於是二話不説跳到球桌上，用居高臨下的角度指嚇對手説：「我不許你贏我！」無奈對手不聽話，固執拿下了第一局，他就惱羞成怒，拂袖而去了。因此，兆城説得對，能面對自己的失敗，真的很勇敢！

「**爸爸從小教我輸球沒什麼大不了的，只要打出了好球，表現出自己的應有水平就行了。**男子漢不應該隨便掉眼淚，為了輸球而掉眼淚就更不值得了。所以我會儘量地把眼淚憋回去，因為我不想讓爸爸失望——哪怕心裏的難過早已逆流成河。」

兆城用溫潤如玉的嗓音訴説着內心泛濫成災的難過：「我知道綺晨的爸爸也是這樣教他的，但他還是堅持想笑就笑，想哭就哭——我行我素其實才是最高層次的勇敢啊！」

聽到兆城的話後，我內心的感觸紛沓而至。不是每個小孩也像兆城一樣懂事，小孩就是年紀很小的孩子，更多的大概是大爺這種對內心絕對遵從，鮮少深思熟慮的「天真 B」，想笑就笑，想哭就哭。

比賽要認真，玩只要開心

疫情下，體育館關閉了。大爺和兆城哥哥已經「失聯」多時。於是，最近他們冒死聚了個首。一如以往無數次的久別重逢，無論多久不見，兩人一碰面還是會勾肩搭背，胡吹海吹一番。

不知不覺，兆城哥哥已經中二了，除了比小時候更帥以外，幾乎沒什麼改變。深邃的大眼睛還是盛滿了對小孩子的憐惜，明媚的笑容還是洋溢着對小兄弟的親切。本來就「得天獨厚」，在時間洪流中一直保持「青春不老」的大爺，看到兆城哥哥就更「天真爛漫」了！擣鼓着讓兆城哥哥陪他參加東京奧運會的乒乓球賽——遊戲機版的。兆城哥哥仍然很有大哥哥的風範，絲毫沒有嫌棄他天真無邪，跟他玩個不亦樂乎。

然而小孩子跟大人打遊戲的結果，根本就沒有什麼懸念的。大爺被兆城輕鬆擊敗後，遊戲畫面隨即進入頒獎程序。「來自香港的何兆城榮獲東京奧運會乒乓球男子單打冠——」宣佈還沒結束，頒獎典禮喜慶的背景音樂卻戛然而止。

眾人被這突如其來的狀況搞糊塗了，陷入一片死寂。

誰料，面面相覷不到三秒，震耳欲聾直教地動山搖的災難級魔音奏響 —— 是大爺惡作劇後得逞的笑聲！他竟然因為輸了「比賽」，把兆城的頒獎禮扼殺在搖籃裏！

我還沒來得及開口教訓這個小屁孩，兆城哥哥的笑聲已趕在我們前頭呼應起大爺的魔音來。未幾，兩人已是笑作一團，前呼後合的，好不歡樂。

欣賞過兆城帥氣逼人的笑臉後，冷靜的我還是不忘正事，盡職地訓了大爺一句：「劉綺晨，你別這麼頑皮，行嗎？」

「沒關係的，阿姨！」兆城哥哥果斷護短：「不就玩一下嘛！練習呀、比賽呀，那才需要認真的，玩的話，開心就好了。」

我強行止住眼中澎湃地往外冒的愛心，故作鎮定地掩飾內心的花癡，向因大氣而益發迷人的兆城了解他認真練習的情況。

不要天分只要愛

事實證明，天父還真是很公平的。他給了兆城一張完美的臉龐，自然也叫他同時經歷不如人意。

「剛開始學乒乓球步法的時候，我一直摔、一直摔，拼步摔、交叉步也摔，**後來才發現因為我天生扁平足，我不能像其他人一樣，穿乒乓球鞋打乒乓球，我只能穿普通球鞋。**」兆城從容得像在訴説別人的故事。

然而，據我家老爺的科普，打乒乓球不穿專用球鞋，對球員來説，雙腳會更難抓牢地面，崴到腳的機率也會大大增加。

兆城爸爸曾經説過，兆城在游泳方面的天賦其實比乒乓球更勝一籌。但當我問及兆城更喜歡乒乓球還是游泳的時候，他卻堅定不移地表示最喜歡乒乓球。

到底是什麼促使兆城無視這雙在很多人看來是「先天不足」系列的「扁平足」，捨易取難，選擇乒乓作為自己的摯愛呢？

「我喜歡乒乓球運動中人與人的交流，我最好的朋友是我球會中的隊友，他和我一起成長，學習的煩惱、練習的艱辛、比賽的壓力，他都能陪我經歷，了解我的所有。」兆城嘴角輕抿，帥得恰如其分，叫人如沐春風：「游泳就是各自游，人與人的交流不多，也很少有比賽時給小弟弟作指導之説，但其實當小教練挺好玩的。那次劉綺晨比賽，他落後時，我就給他講戰術；他領先時，我就跟他瞎掰一下，讓他保持好情緒。他拿了冠軍，我也很有成功感！」

有時候，我們熱愛一件事，也許並不因為我們做得有多好，只因為當中的情意，就像詩歌《以愛還愛》的歌詞所説：這份愛毫無道理，卻叫我們一生銘記。

在兆城哥哥的計劃中，早已填寫着「教弟弟打乒乓球」這一項。弟弟很活躍，打乒乓球可以訓練他的專注力；弟弟也不太擅長社交，打乒乓球可以促進與人溝通的能力。然而，弟弟才四歲，兆城會再等一下，等到有一天，弟弟也能拿起球拍，**他希望弟弟跟他一樣幸運，可以在乒乓球領域中收穫美好的友誼，經歷很多難忘的事和情。**

跟兆城懷抱同樣期待的，還有我家大爺。理解他為什麼總念叨讓表弟學乒乓球後，我內心的欣慰油然而生。我想起〈約翰一書〉4 章 19 節所説「我們愛，因為神先愛我們。」大爺肯定不會用言語解讀自己的行為，但我可以幫他總結。事情就是他從兆城哥哥那裏接收了一份愛，然後想以相同的方式去愛人，根據《聖經》的描述，這叫「以愛還愛」。

黃老師的採訪後記

很多時候，我們很在意別人對自己的想法，別人對自己孩子的想法呢，就更是在意得無可救藥。說實話，以前大爺哭了，我也會怕，怕別人覺得他軟弱，怕別人以為他計較，怕別人笑話他輸不起。

可事實上，一萬個人就有一萬種想法，甚至更多，我們永遠無法取悅全世界，何必太計較別人的眼光呢？最重要的不是我們怎麼看自己的孩子嗎？

如果他是一個全世界都能輕易理解的人，那他該是平庸成一個什麼樣子呢？就算，世界上只有你一個知道孩子真實的樣子又怎樣？你應該高興自己能成為那個幸運兒啊！

何況，孩子不會一直哭的，他總有一天會長大。我們要做的，就是給他們時間和耐心，等他們不再哭泣的那天真正到來，你就會發現那些他們淚流滿面的日子，都好像只是昨天發生的事情，卻在一眨眼的功夫與你揮手作別，那個曾經靠在你懷裏傷心難過得瑟瑟發抖的小身體，也只能用來回憶了。

當然，除了父母，沒有人有義務給你的孩子時間，等他長大。但凡事都有例外的，如果孩子足夠幸運，可能會遇到一個專屬於他的「兆城哥哥」，「兆城哥哥」不像其他人心懷惡意的揣測，能從另外一個角度解讀他的行為舉動，讓他覺得自己其實也沒有多委屈。高山流水遇知音，彩雲追月得知己是佳話，現實中也不是每一個伯牙也能遇上鍾子期，有緣相遇，就感恩相遇吧！

李龤葑

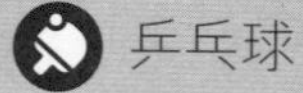

/ 性別：女

/ 中學、大學網球校隊成員

賽事和獎牌

浪跡天涯追逐乒乓夢

瀟灑女生

剛認識李齡葑的時候，我覺得她特別厲害，是那種很會賺錢、很懂得投資、營生、謀劃將來的厲害，反正就完全不像一個大三的女生。

事緣 2019 年新冠肺炎病毒蠻不講理地朝我們張牙舞爪，世界經歷翻天覆地的改變，全民陷入惶恐之中，生活因為它而變得面目全非，人們臉紅心跳不再因為愛情，只為 COVID-19。那是因生氣而紅的臉，因恐懼而跳的心──沒有社交、失去自我、告別安逸⋯⋯

溫室中的大爺起初對外面這一切暴風驟雨毫無痛感，直至2020 年 1 月，政府第一次宣佈所有體育館暫停使用，他終於怕得瑟瑟發抖。

他怕的是自己無法像往常一樣天天打球，他可以一天不吃飯，但不能一天不打球，這和直接要了他的命是沒有區別的。

幸好大爺有一個神通廣大、無所不能的好爸爸。政府甫對外公佈閉館消息，我家老爺已在朋友介紹下認識了葑姐姐。

少女包租婆

封姐姐眼光獨到，在疫情期間開設了一個工作室，讓一眾因體育館關閉而無處練球的乒乓球愛好者爭相租借她的場地。

我們也是那爭相租借羣眾中的一員，這一來，封姐姐就成了我們「房東」。全靠這位尊貴的「房東」，大爺得以把新冠肺炎暫時關在門外，繼續他的尋夢之旅。

封姐姐的工作室地方不大，大概就三百呎左右，放置一張標準的乒乓球桌剛剛好。內裏沒有精緻的裝潢，甚至連一扇窗口也欠奉，但正因密封的環境，打起球來，乒乒乓乓的聲音特別響亮。

乒乓球地膠和隔音牆紙都是她自己鋪的，手工説不上精良，卻絲毫無損工作室的簡約溫馨，因為每次進去，球桌上總是為我們備上了驚喜的「小禮物」，不是防疫用品，就是打氣巧克力，有時候還有寫上「綺晨加油！」的小紙條，很是貼心。

從老爺的描述中，我知道房東封姐姐還是個大學生。當時，我最強烈的感覺是這個女生很會做生意，能以最低的成本把握最佳的商機賺取最大的盈利，真厲害！回想起自己讀大學那會兒，還是個吳下阿蒙，看到獨當一面的葑姐姐，我不禁自慚形穢。

但我又不相信時下的大學生都有葑姐姐這樣的觸覺，所以她在我看來還是很特別的。只是當時我心中賦予她的「特別」，是那種很貼地的特別，與夢想無關，畢竟夢想多神聖啊！哪裏是在滾滾紅塵中賺點小錢就算是企及的道理呢？

音樂乒乓夢

直到後來疫情緩和，我們終於擺脱了租房歲月，結束了房東與租客的關係。一天，葑姐姐和大爺相約出去打球，我接觸到她本人以後，才發現原來她是真的很厲害，也真的很特別。而且並不是我當初所理解的那種厲害，也不是我光看表面總結得出來的特別。

最讓我意想不到的是原來工作室的成立，並不是我當初以為的收租賺錢，它本是一個音樂工作室，乒乓球桌的角色是一面鼓，葑姐姐和另一位樂團成員負責對打，用乒乓球撞擊桌面，打出樂曲需要的節奏。因為這件特殊的「樂器」，他們的樂團命名為「打擊乒樂團」。

這個樂團來自葑姐姐就讀的香港科技大學，這羣志同道合的年輕人熱愛乒樂，又沒有一個固定的練習基地，於是葑姐姐自己打工賺錢，省吃儉用，租下了這個地方，好讓大家隨時隨地徜徉於乒樂的海洋中。

沒窗、密封、隔音牆紙……一切都有了解答，謎底昭然若揭。我竟然覺得豁然開朗，恍然大悟，彷彿發現了什麼了不得的大秘密，卻沒承想，更多讓我難以置信的事情，還在後頭……

剛開始的時候，我覺得和大爺練球的葑姐姐基本功挺好的，十分穩定，絕少失球，就猜她球齡應該挺長的吧？哪怕她一直以初學者自居，我也只以為她謙虛而已。沒想到，她真的才學球一年多，為的只是打響一面「鼓」。

我訝異地問：「學一年多能打成這樣，你是天才吧？」

葑姐姐一派從容自若：「可能從小打網球，對學乒乓球有點幫助吧！」

原來葑姐姐十歲開始學打網球，還拿過不少冠軍，中學和大學也是網球校隊。只是後來覺得乒乓球更好玩，便展開了二次追夢之旅。為什麼是「二次」呢？因為第一次發生在她剛考完中學文憑試那會兒。

浪跡天涯找對手

自從升上中四，葑姐姐便有了明確的目標，規劃好中學文憑試後要背着網球拍走遍天涯，跟世界各地的網球愛好者打網球。

於是她一邊上學，一邊兼職，用當壽司學徒賺來的錢圓了自己的第一個夢。中學畢業後，她到過印尼、泰國、韓國、沖繩、台灣、越南、馬爾代夫等國家，以球會友、放眼世界。

我最疑惑她是怎樣找到那麼多會打網球的人呢？又怎麼確保那些人的水平足夠呢？

「只要在出發前從網上找來一個、兩個會打球的人，他們在當地跟我打完就會給我介紹打得更好的，打得更好的也許又認識一些專業隊的，一來二去，對手的水平就一天比一天高了。」葑姐姐說來雲淡風輕，可這三言兩語的背後，得花多少的心思、拿出多大的勇氣？我以為是難以想像的。

更難以想像的是，一年多前，從她迷上了乒乓開始，一模一樣的追夢軌跡依樣畫葫蘆地重新展開，只是這一次，換成背着乒乓球拍走天涯。**葑姐姐一個小女生，竟能不言倦地尋訪世界各地的乒乓球愛好者，熱情邀約，與之共同享受乒乓的樂趣。**

看到她給我展示的照片時，熒幕畫面中那個被泰國少年們包圍的陽光女孩看上去是如此幸福，我的心頭也就瞬間被她純粹無害的笑容映照得泛起了一片暖意融融。

當與她同齡的女生連上個洗手間也要找人陪伴的時候，葑姐姐竟然背起球拍獨個兒闖蕩天涯，這是令人多麼的難以置信啊！

「你一個女孩子，遇上困難怎麼辦呢？」

「遇到難題就解決吧！曾經有一次，我在布吉連民宿也找不到，就索性在沙灘露宿一晚，醒來直接去打球。」葑姐姐從容不迫地向我交代了這個把我完全嚇到的經歷，彷彿只在述説今天天氣真不錯，完全刷新了我對「女孩子」這個詞語的認知——她太瀟灑、太獨立、太堅強了！

瀟灑打一回

我沒有想像過自己會對一個年紀輕輕的小女生生出如此這般的敬佩之情，但葑姐姐真的一點兒不像我所認識的時下女孩子。

「那時下女孩子都喜歡做什麼？」葑姐姐問。

就我認識的女孩，像葑姐姐這個二十出頭的年紀，一般都在埋首鑽研化妝打扮吧！曾經有小女生看到我用一管大眾化品牌的潤唇膏後表示非常吃驚，更坦言如果不是親眼看到，打死她也不會相信一個有賺錢能力的人會用這種「平民貨」。

又有小女生跟我分享自己跟家人吵架，因為家人每個月「只」給她五千塊錢零用，搞得她嚴重缺錢，並表示自己做一次美甲已經是五百多，對家人的「涼薄」深感失望。

在這樣的對比下，葑姐姐顯得份外與眾不同。她束着一頭清爽的短髮，顯然不是為了好看，主要原因大概是為了方便運動吧！除了球衣、運動褲以外，我就沒見過她別的打扮了，她完全不是那種用盡千方百計追求一個外貌協會會籍的人。

然而，正是這種不拘小節，更叫她不經意地流露了「型格美」。這不是任何一種你願意一擲千金，買來高貴化妝品可以堆砌出來的賞心悅目。

時下的少女們不是有句格言叫「唯有長腿不可辜負」嗎？意思就是擁有大長腿而不穿超短裙簡直暴殄天物、罪大惡極！然而身高一米八的菿姐姐選擇把她那雙叫人羨慕妒忌恨的大長腿包裹在運動褲下，踏上泥濘崎嶇的夢想之路，取代平坦舒適的購物商場。

不同的選擇反映不同的人生態度，有人嘔心瀝血悅己者容，有人為追夢甘願承受風吹雨打，不惜踏破鐵鞋。**菿姐姐的信念肯定就是相信容顏終將老去，唯有夢想不死。**

不在乎輸贏只想打球

大爺和菿姐姐，兩個有夢的人，一個想打比賽，一個想練球。前者想提升比賽能力，後者想強化穩定性——乒樂團的鼓點講究的是連綿不斷嘛！菿姐姐作為「長輩」，作出了讓步，不過她事先聲明：「我平常都只練連續性，所以不太會打比賽，不要嫌棄我啊！」

我好奇：「所以你都沒有參加過公開賽嗎？」

「有的，朋友幫我報名參加過分齡賽。不過我不怎麼在意輸贏，畢竟我真的不太會打比賽。對我來說，每一分都是感恩。」

球賽結果，葑姐姐輸給「經驗豐富」的大爺，主動說要出去買飲料請他喝。回來後忍俊不禁道：「我戴着口罩，被外面的大叔錯認我是鮑奕文了！不停問我為什麼長高了那麼多！哈哈！」

換作是時下一般女生，早已為被錯認作男生而氣得暴跳如雷了吧？只有葑姐姐不怒反笑，只因她是一個特別的女生，活得特別瀟灑，特別自在，有望、有愛、有色彩。

分別的時候，她說疫情期間，科大學生也處於網上學習的狀態。當天早上本來有一節課，但老師不點名，她出來打球了。她說老師沒有強制學生按時出席，但要求他們自行安排時間看錄像。她憐愛地給大爺摸一下頭：

「不點名，就靠我們自律，所以姐姐現在要回家好好學習了！」

　　對啊！夢想也從來不點名，只靠我們自律。願每一個不願意缺席的人，都收穫不一樣的生命。

黃老師的 採訪後記

《聖經‧約伯紀》1 章 21 節：「我赤身出於母胎，也必赤身歸回；賞賜的是耶和華，收取的也是耶和華。」

我們來到這個世界，本就是一無所有，所以每一分都是喜樂，每一天都是感恩。年輕人啊！你們有為每一天感恩，活好每一天嗎？

蔚姐姐對勝負的釋然，讓我想起魯賓遜漂流到無人島後，便再不在意船上滿載的金幣和紙鈔，因為過程比什麼都重要。但站着說話不腰痛，能做到超然物外的又有幾人？正因為寥若晨星，蔚姐姐的豁達瀟灑才彌足珍貴。

陳敬延

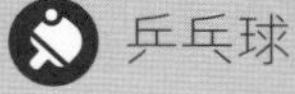

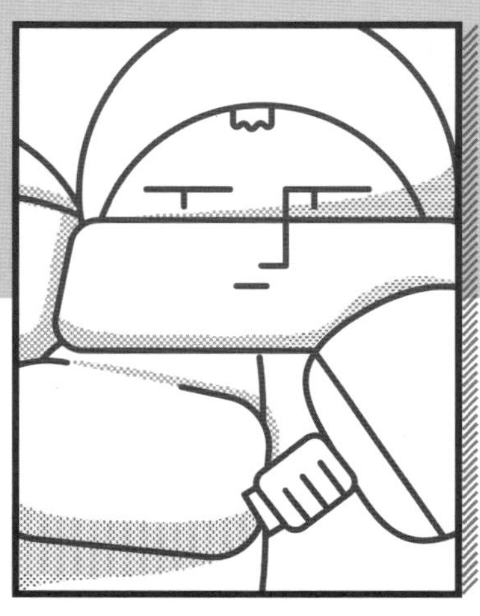

/ 性別：男

/ 2019 少兒打吡冠軍

賽事和獎牌

溫暖他人

殺手
暖男

那些網紅在社交網站亮出圖文不符的照片，都是故意為之的，目的只有一個，就是博眼球，所以你看到她們那些美美的自拍照就行了，文字基本可以直接忽略。

但陳敬延從來不是一個喜歡博眼球的男生，他的「圖文不符」是個美麗的誤會，甚至都不知道天父為他暖洋洋的內心，包裹一層看上去清朗冷硬的皮囊到底是哪個意思。

我自以為對天父的心意猜到一二，如果以讀者的角度來看，我估計這圖文不符的安排大概就是讓我們對敬延保持好奇，拿出最大的耐心了解他，然後每發現他一個優點就驚喜一次吧？現實中的敬延的確也就是這樣的一個男生，令人與他相處日久，對他的喜歡與日俱增。

高冷殺手

還記得第一次見敬延是在灣仔運動場。那是雅健小將在灣仔運動場練習的最後一夜，那一夜後，運動場就會成為歷史，從此消失於灣仔北海旁了。

隨着時代變遷，現在已經沒有什麼翻出泛黃的照片尋找舊記憶的情節了，但我從電腦中調出那張灣仔運動場最後一夜的圖像檔案時，歲月的痕跡還是躍然於屏幕上。只見影像中的敬延還是個小胖子，卻完全沒有小胖子該有的喜慶，反而因為不苟言笑的表情而顯得有點高冷。

剛認識的時候，敬延三年級，大爺二年級。七歲的大爺缺乏實戰經驗，敬延手持的長膠被大爺視為最致命的殺人武器，老把大爺殺個片甲不留，所以大爺當時挺怕他的。這一切所有加起來，敬延的殺手形象彷彿渾然天成，令大爺望而生畏，雖然份屬同一球會，卻完全沒有靠近的慾望。

大爺是什麼時候發現敬延「表裏不一」的呢？我在回憶的藍圖裏，找到一個叫「少兒精英隊」的時間節點。

大爺從八歲開始進隊，中間的隊員換了一趟又一趟，在敬延也進隊的時候，他們再次相遇。當時，敬延六年級，大爺五年級。大爺通過兩年的努力，從吊車尾打到內部賽第一名，在盧傳淞教練的帶領下，與其他七位內部賽位列前八的隊友遠赴上海參與境外訓練，與日本及上海的青少年球員展開為期七天的切磋交流。

極寒下，他把羽絨服讓給我

2019 年的聖誕節，大爺第一次離開我們。七天的時間對我來説彷彿看不到盡頭的公路，當時，我心中五味雜陳，作為一個母親該有的心情都有了。但老爺那個興奮勁，不知道的話還以為他中六合彩頭獎了。他興致勃勃地計劃去日本、去韓國、去澳洲、還去歐洲……那七天似乎被他看成了足夠放浪形骸一輩子的無限期。

我明白他的心情，因為兒子出生以後我們都沒兩個人去過旅行了，這千載難逢的機會令他秒變戀愛腦。於是，我一聲令下：「我們哪也不去！只能去上海！」

我眼睜睜看着他硬生生把心中的千萬個不樂意瞬間化成五彩斑斕的一個表情，真是可憐了這個令人哭笑不得的戀愛腦。我明白這是因為他最愛我，但我最愛的是大爺啊！真是太不好意思了，我無法奉陪。

誰讓他不小心向我泄露了大爺最後一天的訓練後有自由活動時間這個秘密呢？我要跟我的小情人來個異地邂逅！那就當然沒他這位老爺什麼事了！

我魂不守舍、心不在焉地跟老爺在上海蹓躂了六天以後，終於迎來了期待已久的少兒精英隊自由活動時間！我滿心歡喜地在古色古香的豫園閒逛着等待，想像大爺跟我「偶遇」的反應——他會感動流涕嗎？他會喜出望外地傻笑不止嗎？還是會情不自禁朝我狂奔過來和我深情相擁？

沒想到，美滋滋不到三秒，我就被眼前殘忍的真相敲打得心碎滿一地了！跟我「不期而遇」的大爺竟然只穿了一件單薄的小外套！當上海天氣只有四度，全隊都嚴陣以待，裹上厚厚的羽絨服時，他竟然輕裝上陣，活得不是一般的瀟灑！我的心痛簡直無以復加，心裏為他完全不會照顧好自己而把他嫌棄一百萬遍！

大爺倒是心細如塵而且對我瞭若指掌，敏鋭地察覺到我生氣了，並且聰明地猜到我氣些什麼。於是悄悄走到我身邊，故作溫柔地牽住了我的手，難得地低聲下氣了一回：「媽媽，對不起！我做錯了一個選擇，但我看清了一個事實。」

雖然我感覺到他手裏傳來那臨界冰點的溫度時，內心的怒火不受控制地燒得越發旺盛，然而聽到他接下來的話後，我的心頭卻是不由自主地竄起了一股微暖。

「出來不久我就後悔了，因為真的很冷啊！但不可能讓全隊人等我回去換衣服吧？」他一邊說，嘴巴還一邊冒着源源不絕的霞氣：「然後敬延注意到我冷了，就把自己的羽絨服給了我。只是我沒要，因為我也怕他冷，但我知道了誰是對我好的人。」

我覺得即使敬延看到的那個可憐人不是隊裏年紀最小的大爺，換成其他有需要的人，他同樣會伸出援手。這個結論是根據後來我對敬延的認識得來的，並非憑空臆想。

孟子說品德高尚的人要能做到「窮則獨善其身，達則兼善天下」，敬延這個窮亦兼善天下的舉措，顯然遠超孟子的要求，暖男形象初現，也突破了我們的想像。

作為當事人母親的我，除了意外，更多的是感動。後來我生完氣了，就教大爺要懂得感恩，把敬延贈予的這份暖牢記於心，並且以他為榜樣，有機會的話，也要像敬延一樣，當別人的冬日暖陽。

這個人挺有趣

自那以後，大爺提起敬延的頻率明顯增加，每當分享完敬延當天在球隊裏的「所作所為」，總結都是：「其實陳敬延挺有趣的，根本不是我當初認識那個高冷的人。」

敬延真挺有趣的，有時候聽到大爺的描述，我也會忍俊不禁。印象比較深刻的是有一次教練安排他們進行「突然死亡」訓練，就是不用打到十一分，只要在教練突然宣佈「比賽結束」的那一刻，你處於領先的狀態，便是勝出的一方。

聰明的敬延在領先一比零的情況下，以龜速挪動去撿球，中途又繫一下鞋帶什麼的，成功拖延到「比賽結束」，比數為一比零！大爺給我分享這一段的時候，我們母子倆都不約而同笑瘋了！

大家不要誤會敬延取巧，其實這「即時死亡」的本意就是要訓練球員控制比賽節奏的，但我相信能掌握當中精髓的人只屬少數，敬延是其中之一，這孩子又聰明又搞怪，當初那個冷面殺手的人設簡直完全崩壞！

我當然確定敬延這只是鬧着玩，因為他的實力就擺在那兒了。一年一度的少兒打吡乒乓球比賽為同年生的一羣少兒球員提供了公開比拼的平台，敬延可是少兒打吡乒乓球比賽冠軍得主，曾代表香港到上海與東南亞各城市的2008年生少兒球員一較高下，並取得不錯的成績，球技毋庸置疑。

努力打球努力學習

因此後來敬延放棄參加香港青少年隊選拔，身邊的人無一不感到可惜。**然而敬延無比清晰自己的想法，有自己的規劃，讀書才是他放在第一順位的事情，剛升中的他需要更多時間適應學習上的轉變，不想被一些恆常系統的訓練絆着自己前行的腳步。**

自從敬延知道我和老爺很重視大爺的學習後，就不時把他用過的升中預備班的練習、中一的學習材料、參考資料等全部備份留給大爺，還特別貼心地分門別類，整理得井井有條。

每當收到敬延送來的「貼心大禮包」，我總是心花怒放，連連道謝。可深深被那厚厚的一沓驚到的大爺，也許想像到自己有的忙了，卻是一念的苦大仇深。

善於察言觀色的敬延彬彬有禮地回應我的謝意時，不忘惡趣味一下：「不客氣阿姨，我下次再給劉綺晨送更多！」看到大爺那個生無可戀的表情，我和敬延簡直笑瘋了！

隔離中心的溫暖

每當大爺抱住敬延給的練習奮戰時，總是不好意思埋怨什麼，因為上面有敬延努力的痕跡——也許他的字體不夠秀麗，但他寫的內容卻足夠認真。這對大爺而言是最好的鼓勵，給予他奮進的動力，讓他感覺學習的路上並不孤單，同行的還有內心溫暖無比的暖男敬延！

和敬延命運最不一樣的是，敬延榮膺少兒打吡冠軍，而大爺連參加打吡大賽的機會也沒有。比賽前夕，我們有一位家人不幸確診了新冠肺炎，我們一家三口被列為緊密接觸者。收到衞生防護中心的通知一小時後，已有專車開到我們家樓下，把我們送到竹篙灣隔離中心了。

大爺驚聞噩耗，不禁灑淚當場。因為少兒打吡多年來以「一生一次，讓你展翅」作號召，令一眾少兒球員都視之為乒乓路上一個重要驛站，不能錯過的必經之地。

人生中有哪一場比賽是可以重來的呢？所有比賽也是一生一次的，與其黯然神傷、歎息遺憾，不如思考神的安排有何用意。

敬延的一家也是虔誠的基督徒，知道我們一家「被困」後，敬延那位知性優雅的媽媽一直給我們發訊息，想給陷於「水深火熱」中的我們送物資，又安慰大爺，並告知我們，他們一家正不住為我們禱告。

敬延這位又是暖男又是殺手的朋友是我們沉悶「牢獄生涯」中的其中一個話題。他從不計較輸贏，也不在意別人的看法，努力讀書的同時享受乒乓。

當教練説：「你看人家多勤奮，一放學就是書包一扔，拿起球拍就沒日沒夜地打了，你多學一下人家吧！」

敬延安之若素地回道：「我也很勤奮，我只是把我的沒日沒夜獻給了讀書而已，這是我的選擇！」

再次聽到敬延的故事，在那個身陷「囹圄」的場景中，大爺忽然好像明白了些什麼——他發現比賽的機會原來不是必然的，有機會參加已經很幸福了。即使贏了，像敬延，其實還是可以在後來作出很多與那場勝利無關的選擇，所以贏了那場比賽也並未到終點，如此看來，輸贏真沒那麼重要了。

只能說在我們和敬延一家的禱告中，大爺豁然開朗了。比賽常遇，成長的契機卻不常有，我感謝天父讓大爺在經歷所謂失去的同時，得着更多。

那一夜，我輾轉反側，因為隔離中心那不到兩厘米厚的牀墊實在太考驗人的意志了。我卻在那個無法成眠的夜深，偶爾瞥見睡夢中的大爺臉上洋溢着一陣甜似一陣的笑意，煞是可愛。

第二天早上，我問他夢到什麼好東西了？他二話不說，找來我的手機給敬延知性優雅的媽媽發了個訊息：「阿姨，我昨天晚上夢到自己跟敬延打乒乓球了！」

他可是笑了好久啊！那肯定不是「即時死亡」並且一比零完場的那種比賽了！從高冷殺手，到夢寐以求的好朋友，風趣幽默、待人真誠的敬延，用他的溫暖徹底融化了我們的心。

黃老師的採訪後記

我認為敬延非常懂事的，但作為在敬延打球這件事上付出無限心血，多年來陪他「出生入死」的父母，則難免感慨。

「是有點可惜，但我尊重他的決定。」敬延那知性優雅的媽媽對放棄港青選拔的事情作出這樣的總結。

想起閨蜜近來因為女兒升中的事情詢問我的意見。事緣有兩所直資中學的大門都為她的女兒敞開，因此她心猿意馬，不知如何抉擇。只好四出打聽有關這兩所中學的一切，事無巨細，從學術表現、宗教氛圍、校風及學校支援到課外活動……全都掘出來，自得其樂地比較一番。

最後我冷不丁問她一句：「女兒知道自己有這兩個選擇嗎？你是不是應該問一下女兒喜歡哪一所學校呢？」

她才如夢初醒似的說：「呃……對啊！我忘記告訴她了！」

我們似乎都經常打着「為他／她好」的旗幟，一不小心當起了「獨裁父母」，完全把「這是孩子自己的人生」這件事忘到九霄雲外。

聽過有些家長，早早就決定孩子要以乒乓為終身事業，為了打球甚至允許孩子不讀書——這貌似支持孩子追夢的做法，實際上是把孩子趕盡殺絕。他們才幾歲？看到的世界就這麼點兒，現在他喜歡乒乓，那很好，但搞不好他再長大些，眼界又開闊了點，就有別的想法呢？

香港是知識型社會，我們身處知識型世代，胸無點墨可以立足？要孩子讀好書不代表不支持孩子打球，只是讓他們將來進可攻退可守。

他們在可以選擇的情況下，選擇以乒乓作為終身事業，那是他們的人生；他們在沒有選擇的情況下，唯有以乒乓作為終身事業，那是他們無奈的人生。

對於山葵上的蟲子而言，整個世界就只有山葵那麼大，但敬延顯然不想當那條坐困山葵的蟲子，那就像敬延媽媽說的那樣，尊重他的決定好了。

李梓維

乒乓球

/ 性別：女

/ 香港乒乓球青年隊成員

賽事和獎牌

夢想代表香港參加奧運

單純的愛，單純的夢想

「我最喜歡的乒乓球員是李一聞！」眼前的梓維搖晃着可愛的小腦袋，鄭重其事地向我宣佈。

「誰？」我一下子沒反應過來。

「李一聞啊！」梓維不厭其煩地向我解釋道：「即是我爸爸！」

噢！李一聞教練我是知道的。我家老爺幾次看完他帶學生比賽後，都不禁由衷讚歎李教練是個很聰明的人。然而在李教練的寶貝女兒李梓維眼中，爸爸的優點絕對不僅於此。

「我第一次看到真人打乒乓球是在我兩歲的時候，那兩個真人就是我的爸爸媽媽！」

梓維年僅九歲已躋身香港乒乓球青年隊，別説跟他同齡的女孩子，就是比她年長幾歲的，大都不是她的對手。年少成名，難得的是梓維絲毫不見老成持重，一個九歲小女孩該有的天真爛漫、純樸可愛、自然坦率她都有，叫人不禁心生歡喜。

我按捺不住給了可愛的梓維一個寵溺的摸頭：「還記

得當時是什麼感覺嗎？」

「當然覺得爸爸媽媽很厲害啊！」梓維不假思索道：「尤其是爸爸，簡直超級帥！」

爸爸偶像

每當提起爸爸，梓維的眼裏彷彿都會一下子注滿漫天星宿，熠熠生輝，那一閃一閃的，顯而易見，就是愛的光芒。

梓維這又是女兒，又是迷妹的模樣真的把我逗笑了：「梓維看來真的很喜歡爸爸啊！」

梓維一臉的理所當然，有點驕傲地説：「是啊！我和媽媽都是爸爸的粉絲！」

我突然有點理解何以我家老爺一直心心念念想要個女兒，每逢看到朋友家的女兒，他口水直流的醜態就表露無遺。如果能像李教練這樣把女兒和老婆深深迷倒，也未免太叫人羨慕妒忌了！

記得有一次，我在中三級教愛情單元的時候，設計了一個引起動機的小活動。我用一個表格列舉了幾個男生的優點和缺點，讓女生們選擇「未來另一半」。

為了帶出「不將就」的信息，我為每個列表中的男生都編造了一些特別刺眼的缺點，又是酗酒抽煙，又是腳踏十船，又是暴力傾向……列表中的這幾位「後宮佳麗」的名字，我特意抄襲了一些當紅偶像，一博呀、敬亭呀等等，成功引起了學生們的注意。沒想到竟然惹來幾顆真愛粉的不滿，下課後強烈要求我以後不要再做這種抹黑他們偶像的可恥行為。

由此可見，時下的小女生對偶像是如何的掏心掏肺。李教練能成為梓維的偶像，在教育孩子這項艱巨工程中不是如虎添翼麼？他的人生簡直就在成為女兒偶像的一刻走向了巔峰！

爸爸教會我堅毅

「爸爸是個堅毅的人，對自己喜歡的事情十分堅持。他常常跟我聊天，有一次，他告訴我自己小時候學球的故事。爸爸中一那年突然愛上了乒乓球，於是就想正式學球。無奈奶奶不支持，爸爸只好省吃儉用，把自己的零用錢都省下來，想自己請教練。但那只是有限的錢，根本不夠請教練，他就不停看電視，觀賞一場又一場的乒乓球比賽，模仿職業選手的動作，一有空就往家附近的石枱跑，實踐那些從電視上學來的「技術」，久而久之，就無師自通了。只要想把一件事做好，爸爸就會想盡辦法，全力以赴，努力達成目標。無論遇到多少困難，他也不放棄，我真的很佩服他。」

梓維嬌嬌小小的，説起話來也柔聲細語，但一提起爸爸的奮鬥史，語氣中的慷慨激昂一觸即發，小鐵粉絕非浪得虛名。然而，一説到爸爸工作的辛勞，梓維卻又無比心疼，憐惜之情溢於言表。

「現在爸爸當教練，教人打乒乓球。差不多每天晚上也教到十一點，回家已是三更半夜。他肯定是疲累不堪的，但我從沒聽過他抱怨。我有時會想，他會不會因此而厭倦乒乓球了？卻發現他還是很喜歡。有機會的時候，他仍然會練球、會參加比賽。我經常覺得很感恩，為爸爸辛勞養育我而感恩；也覺得很驕傲，為自己的爸爸是個堅毅的人而驕傲。」

聽過很多家長讓孩子堅持，但都是嘴上説的。真能以身作則的，又有幾人？當你責怪孩子沒能把兩個小時、三個小時的訓練堅持到底，卻只在日常生活中給他們展示馬拉松式打遊戲、不眠不休追劇的一面，你對他的要求是多麼的蒼白無力。

那麼，當孩子進入反叛期，你要做好心理準備，他可能會毫不客氣地問你一句：「讓我堅持？很好，那爸爸媽媽，你們又堅持過什麼？」

曾經在巴士上聽到一個爸爸不斷訓斥自己的兒子，說兒子一天到晚玩手機，導致考試的成績一路下滑，一定要沒收兒子的手機一個月云云。

那一路上爸爸的罵聲響徹車廂，愈罵愈激動，車廂裏的乘客都識相地閉嘴配合。氣氛突然安靜，叫罵完兒子立即打開遊戲頁面的爸爸，瞬間陷於尷尬境地！

但看來他的心理不是一般的強大，因為他最終還是堅持從現實的怒罵狀態進入虛擬的戰鬥模式，遊戲的背景音樂也因着一眾乘客的噤若寒蟬而格外響亮。很快，這位爸爸便打遊戲打得忘我了，周遭的尷尬氛圍彷彿都與他無關，可憐的兒子在口罩的覆蓋下也掩藏不了一雙放射怨毒的眼神。

〈約翰福音〉13 章 15 節，耶穌告訴門徒：「我給你們作了榜樣。」當時耶穌以身作則，教導門徒學習謙卑。〈使徒行傳〉20 章 35 節，耶穌也告訴世人：「我凡事給你們作榜樣，叫你們知道應當這樣勞苦，扶助軟弱的人。」聖經多處教導我們，最好的教育就是言行身教，正如耶穌教我們彼此相愛，所以祂先來愛我們。

李教練用自己的堅持感動梓維，把她教育成為「別人家的孩子」，又堅韌又刻苦。

習慣了輸就不會怕

李教練開了一家球館，所以從梓維三歲半開始學球起，不乏的是對手。他們都是去李教練球館學球的大哥哥、大姐姐，梓維一個小不點怎麼可能招架？於是輸球成了梓維學球的日常。

我不由自主腦補出小梓維被蹂躪的畫面，不禁心疼道：「那梓維會不會很難過？」

沒想到梓維卻笑咪咪回道：「**不會的！爸爸說輸球是最好的了！輸着輸着就習慣了，習慣了就不怕了，不怕輸才能放膽打，放膽打不一定贏，但肯定是最好的結果。**」李教練真的把梓維教得很好。是的，放膽打就是最好的結果。

這讓我回憶起第一次看到梓維打球那種驚艷的感覺──小小的身體和強勢的進攻形成巨大的反差，我當時就很訝異於她身體裏潛藏的那股驍勇，關鍵還是她一臉的樂在其中，予人一種天生就屬於乒乓的感覺。

我還記得一離開球場，梓維立即蹦蹦跳跳地跑到媽媽身邊來，二話不說坐在媽媽大腿上。我坐在梓維媽媽身邊，所以清楚記得她開口第一句話就問梓維：「累不累呢？」

梓維輕輕搖了搖那個總編着精巧辮子的小腦袋，撒着嬌說：「不累！」完美演繹「反差萌」這個詞了！

其實梓維的媽媽也是個懂球之人。一次偶然的機會，我看到他跟李教練打球，標準的動作、瀟灑的處理球、在線的得分能力，我幾乎以為她是個專業的乒乓球手。

然而「專業」如她，並沒有就梓維的表現指手劃腳，取而代之是一句如冬日暖陽的「累不累呢？」這就完全解釋了為什麼梓維可以得天獨厚地擁有這千金難買的「反差萌」了──無論球場上如何彪悍，只要一投進媽媽的懷抱中，就可以心安理得脫下所有戎裝，當一個幸福小寶寶了。那個溫馨的畫面，真的不要叫人太羨慕。

媽媽不要入講隊

見過很多家長，對孩子比賽的表現特別在意。明明一竅不通，卻喜歡樂此不疲地給予「場外指導」。大爺管這種人叫「講隊」，並千叮萬囑叫我不要加入，否則將對我敬而遠之。

話說大爺在疫情爆發封關前，每逢週末也會到內地練球，經常碰到的是一位在香港頗有名氣的哥哥。

名氣哥哥的媽媽每次看到他練球總是熱血沸騰，頭腦一熱就當起「講隊」來，手舞足蹈地開口「指導」:「不應該那樣打！應該這樣打……」乒乓球專業用語此起彼落，成為場外一道亮麗的風景線。

有一次，名氣哥哥受不了媽媽的狂轟濫炸，終於忍無可忍，搖身一變成了生氣哥哥，球拍一扔就朝她媽媽怒吼:「你這麼會，你來啊！」

母子倆初則口角，繼而一拍兩散，名氣哥哥揮揮衣袖，不帶走一片雲彩，揚長而去，連手機也沒帶上就失蹤了幾個小時。天呀！那可是他人生地不熟的內地呀！媽媽的內心戲演了一台又一台，最終經不起心急如焚的煎熬，報了公安。所以說，我還有哪個膽子加入「講隊」嗎？不可能的！

其實像梓維媽媽這樣就好了，孩子感覺被愛、被支持，自然會認真、用心打好每一球，這情況就是李教練說的放膽打不一定贏，但肯定是最好的結果——沒有什麼比一家人彼此理解、互相欣賞這結果更好的了。

乒乓家庭樂

作為「李一聞國際球迷會」的副會長，梓維媽媽自然積極參與球迷會活動。會長李梓維表示，家庭日的時候，他們一家三口會一起打乒乓球。

「媽媽是穩輸的一個，所以每次她都要請我們喝飲料！」乖乖巧巧的梓維提起這個「打壓情敵」的球迷會活動時，眼睛竟然不經意流露狡黠的光，真的太調皮了！

「但我覺得媽媽很好，她每次也輸給我和爸爸，但從來不生氣。」只見梓維由衷讚賞，可見梓維媽媽對她的潛移默化成功一如李教練。

「如果每次贏的都是爸爸，爸爸會不會很悶呢？」我好奇。

「不一定的！」梓維急不及待向我分享喜悅，眼角眉梢盡是小得意：「我也贏過爸爸的！每次我贏了爸爸，就覺得未來充滿希望！」

耐心的教育肯定能換來好的親子關係，從梓維的言談間，不難感受到她對父母那種真心實意、發自肺腑的喜歡。

「可惜爸爸媽媽總是很忙，」雖然戴着口罩，但我還是隱約感覺到口罩以下，梓維的小嘴是高高撅起的：「爸爸媽媽沒空的時候，就只有傭人姐姐陪我了。」

「梓維喜歡傭人姐姐嗎？」聽説脾氣好的孩子都特別會跟傭人相處，梓維應該也不例外的。

「她待我挺好的，每天幫我編好看的辮子。」梓維撲閃着滿意的小眼神對我説。

好早以前，我已經注意到梓維的辮子千變萬化，精緻巧妙得很了，原來是傭人姐姐的「鬼斧神工」。我不禁讚歎：「姐姐真厲害！她對你很好啊！那梓維對她好嗎？」

「自然是好的！為了報答姐姐對我那麼好，我跟她分享我最喜歡的東西！」

提起這個最喜歡的東西，梓維語氣中透着堅定，看來是愛得不淺。

我想了一下，她這個年紀的小女生最喜歡的是什麼呢？糖果嗎？韓星嗎？角落生物嗎？還是各款手遊？

答案都不是！

「我最喜歡的是乒乓球！所以我教傭人姐姐打乒乓球，她現在已經會正手攻球了！」梓維沾沾自喜地表示。

聽到梓維這麼說，我內心泛起了莫名的感動——這是多麼美的一個小故事啊！**在這個小孩的認知裏，最好的東西不是什麼價值連城的物質，而是自己生命中的熱情所在，她願意把這份熱情分享給別人，溫暖別人的生命，這種想法純粹而珍貴。**尤其在如今這個物慾橫流的時代中，梓維對乒乓球單純的熱愛就彷彿冰天雪地中的小暖包，叫人的手掌心微微一熱，心頭卻是滿滿的感動和珍惜。

我大着膽子、顫危危地問：「梓維，你的夢想是什麼？」

之前問過很多年輕人，十來歲的、二十來歲的，答案都是不約而同的「沒有」、「沒想過」、「不知道」……

還沒來得及擔心把這九歲的小姑娘難倒，耳邊卻遽然響起了她朗聲的回答：「我的夢想是代表香港參加奧運！因為爸爸的夢想是教出一個能代表香港參加奧運的學生，所以只要我做到，就有兩個人圓夢了！」

記得當初我跟梓維媽媽說想寫一個關於梓維的故事，因此要約梓維聊天的時候，她憂心忡忡地說梓維不會華麗的詞藻，也不懂世故的言辭，怕我失望。

然而，事實卻是樸素的愛是最難得的，單純的夢想是最動人的。在梓維說出她的夢想那一刻，我不禁眼泛淚光。

黃老師的採訪後記

讓孩子覺得未來充滿希望是很重要的。有一個名詞叫「打擊教育」，很多家長認為對孩子不能過分表揚，不然孩子會飄飄然。只有通過不斷的否定，孩子才會意識到自己身上的不足。但當孩子的耳邊一直縈繞批評的聲音，只會在不知不覺中被洗腦，從懷疑自己變成否定自己，久而久之成為一個自卑且沒有勇氣作出改變的人。

相反氾濫的讚美也會適得其反，關於這點我深有體會，不得不分享一個有血有肉的親身經歷。去年我教中二級中文科，班上有一個長得特別帥而不自知的男生。基於做人要誠實的原則，我多次有一說一地誇他長得帥。

剛開始的時候，他挺靦腆的，對我赤裸裸的讚美半信半疑不說，還總被鬧出個大紅臉，煞是可愛，我被他這個憨憨的樣子逗笑了，從此動不動打趣他，一言不合就誇他帥。

今年他中三了，不變的是我仍然教他中文，不一樣的是他已經會主動來我面前說：「好久沒有人誇我帥了，近來遇到的人都沒什麼眼光啊！」日子有功，原來不知不覺間，他的臉皮已經在我浮誇的讚美加持下，厚成一個可以擋子彈的地步。

由此可見，打擊教育自然是不行的，但太澎湃的讚美也會弄巧成拙。最理想的狀態莫過於點到即止的欣賞、恰到好處的陽光。李教練這偶爾給女兒希望的設計，我覺得太可以了。

方若雷

/ 性別：男

/ 淡泊名利，看淡勝敗

賽事和獎牌

一輩子享受打乒乓

要一輩子的愛

話說我曾教訓一個中三學生何謂「淡泊名利」，大家可能覺得我跟小青年談「淡泊名利」太離地，畢竟這層次太高了，理解的都沒幾個，遑論做到的（故事見後記）。然而，天父卻讓我非常榮幸地認識了方若雷，使我不得不相信二十一世紀的今天，仍然有小青年能實踐淡泊名利，而且還是位大俠。

故事發生在我家大爺剛考進少兒精英隊那會兒。當時他才八歲，是隊裏年紀最小的一個。關鍵是他還長得矮，置身一羣十歲、十一歲的大哥哥中，毫無疑問地給予人一種特別可憐的感覺，彷彿任何一個哥哥隨意動動手指頭，都能輕易地把他給捏死。

少兒精英隊作為香港青年隊的梯隊，以培養新一代年輕球員，為香港青年隊培育人才為目的，定期考核隊員的訓練成果自是無可厚非。於是，大爺進隊後半年，迎來了少兒精英隊第一次的內部賽。

為期一週的內部賽以循環賽制進行，當時隊員共十二人，那就是說每人要打十一場比賽。大爺經歷了前十場比賽以後，整個人已經變成一棵蔫蔫的小白菜，被蹂躪得提早體會了一把人間絕望。

然而，不是「希望在明天」嗎？只要你遇上一位大俠，那就可以從人間絕望中走出來，感受一回人間有愛的美好氣息了。喜歡鋤強扶弱的方若雷，就是大爺遇上的那位大俠。

故意輸掉的比賽

還記得內部賽的最後一天，我們一如前四天準時到達歌和老街壁球及乒乓球中心接那顆蔫蔫的小白菜，心裏已經備好了安慰他的說辭。沒承想，卻出乎意料地迎來了一個活蹦亂跳、志得意滿的正常版孩子。

大爺歡天喜地來到我和我家老爺面前，搖頭晃腦、天真無邪地報喜說：「我今天贏了方若雷啊！我竟然贏了方若雷！」我的重點跟他可能有點不一樣，我對他懂得用「竟然」這個詞有點滿意啊！那說明他也知道自己幾斤幾兩。

我和老爺交換了一個意味深長的眼神，秒懂彼此的內心戲。老爺氣定神閒地逮住剛巧路過的方若雷，意有所指：「若雷，你故意的吧？」

方若雷流光溢彩的大眼睛難得流露一絲慌亂，只見他嘴角輕抿，擠出了兩個標誌性的小酒窩，刻意壓低了聲音：「噓！能別告訴綺晨嗎？因為他前幾天的比賽全輸了，我怕他被踢走，就讓他一下。」天啊！方若雷不是才十一歲的小男生嗎？這到底是哪裏來的仁心俠氣呢？

要知道那次內部賽的前四名，可是能代表香港去盧森堡交流，接受前世界冠軍張怡寧的親身指導，若雷這種淡泊名利的氣魄，完全令我對他的好感度刷出天際以外的高度。

最後，天父以最大的善意回報這個俠骨柔腸的小朋友，若雷以總成績第三名成功爭取出戰盧森堡的機會。

乒乓球旋轉之美

雖然那不是他第一次離開父母，在那以前，他也多次隨球會到中山參加乒乓球集訓，而且一去就是半個月。但是，歐洲畢竟不比中山幾個小時的車程，我問若雷有沒有想念父母。他的回答成熟而大氣：「我在盧森堡那十天，他們就在法國旅遊，不就近在咫尺嗎？我們各自享受自己的生活，多好！」

我發現很多父母在孩子學球的時候喜歡陪在場外，也許怕孩子不認真，所以加以監督；也許恐怕孩子突然有什麼迫切的需要，所以要隨時待命。但若雷說他的父母一般只會把他帶到內地去，教練來了以後他們就美滋滋地約會去了。若雷認真不認真，都是自己的選擇；有什麼需要，就自己解決——這有效地把若雷訓練成一個獨立又懂事的小孩。

這讓我想起顧城的一首詩，大意是：「你說，你不愛種花，因為害怕看見花一片片的凋落；所以，為了避免一切結束，你拒絕了所有的開始。」很多家長就是為了避免失敗，於是選擇拒絕放手，卻渾然不知一天不開始放手，就永遠迎不來孩子的成長，一如詩中的那個「你」，與花兒燦爛開放的瞬間失之交臂。

難得的是若雷特別懂得感恩：「其實我的父母最重視的是我的學習成績，他們對乒乓球都是一竅不通的，所以能每個星期中港兩地跑，送我去學球，對我來說已經是最大的支持了。雖說他們把我放在球館就去約會了，但一去四、五個小時也挺累的吧？」

「什麼？你練球都是連續四、五個小時的嗎？」我吃驚地問。

「對啊！我就是喜歡一鼓作氣！學習如是，練球也如是。有時候練完球，我還會自己練發球，一練就兩個小時。」

「什麼？兩個小時練發球？你不會覺得悶嗎？」我吃驚得僅能抓住最後一絲理智。

「乒乓球其中一個引人入勝之處是它的旋轉，發球可以製造千變萬化的旋轉，讓我樂在其中。」

我完全沒想到為了維護一個小屁孩的自尊，關係到代表香港的一場比賽，可以説不要就不要的若雷，內心對乒乓的熱愛竟然到了如此癡迷的地步。這讓我覺得當初的讓賽真的只能用「不可思議」四個字來形容。

就在我對這個世界開始產生懷疑的時候，若雷大俠神態自若道：「潔雯阿姨，我並沒有你想像的『神』，我也是吃人間煙火的。我也會為了輸球而不開心，甚至鬧情緒。畢竟，我又不是真正的大俠！」

誰不在乎輸贏？

這位「偽大俠」還悄悄告訴我，他也曾因為擊敗神壇上的男子而暗暗竊喜。話說當時少兒精英隊中有一位帥出宇宙的隊員，除了外表出眾，公開賽成績還異常彪炳，因而被一眾後來者封為「男神」。當若雷沾沾自喜地表示男神從沒贏過他的時候，我終於在他身上嗅到一些來自人間的氣息。

原來若雷也不是完全不在乎輸贏的，加上他對乒乓球的愛火聽起來也是達到「火災」級別，那他對大爺的讓賽就真的玄幻無比了。心如明鏡、巧舌如簧的若雷用五個字來形容自己：「這很好理解，我就是一個『價值主義者』，凡事就看值不值得。綺晨贏不了我們這些大哥哥，純粹因為年紀太小了，不存在實力問題，那就不好讓他失了信心。**能給他點鼓勵，讓他堅持一直打下去，香港乒乓球壇將來就多一個好球員，我輸的這場比賽不就值了嗎？**」

當身邊的小青年還只着眼於個人榮辱得失時，若雷已經要為未來的香港乒乓球壇籌謀了嗎？這難道是打算長大以後成為職業乒乓球選手的節奏？

「我肯定不會當職業球員的，因為我太喜歡乒乓球了！」若雷語氣中的篤定叫人無法置疑。

「因為喜歡，所以放棄」，這不存在邏輯問題嗎？難道就只因學霸的腦迴路就是跟我們凡人不一樣？

「情況好比很多人選擇成為電競運動員的初衷是喜歡打遊戲，覺得遊戲好玩，令他們心情放鬆。可一旦這成為了職業，一切就不一樣了。遊戲會成為他們的束縛，成了營生的工具，遊戲從此只會給他們帶來壓力，當初的好玩、輕鬆轉瞬消滅淨盡。因此我不會當職業球員，因為我太喜歡乒乓球了。我要用一輩子來享受它！」

他哪裏偽了？明明就是個如假包換的大俠啊！熱愛自由，行俠仗義，以球為伴，遨遊江湖，豁達瀟灑。年紀輕輕，卻能揮一揮衣袖，看破功與名，他，是我最喜歡的乒乓球員之一──方若雷。

黃老師的
採訪後記

有一次對中二學生講述《孔雀東南飛》的故事時，我完全被座位上那雙熾熱眼眸迸出來的火花濺到無法專心。小男生聽到故事中的男、女主人翁因為封建禮教的殘酷無情而被迫分離，並雙雙自殺後，沒能禁錮起自己不安分的小心臟，情不自禁地向女朋友投去安撫的小眼神，眉目傳情的同時還不忘用唇語訴衷情。只見他西子捧心一般，情深款款地說：「我們不會的！」這到底是以為我的視力有多差，他們才決定要這麼明目張膽地撒狗糧呢？

那次我氣得不輕，忍住原地爆炸的衝動，下課後帶走了那位癡情漢子，耗盡最後一滴耐心，溫馨提示他不要再騷擾他女朋友上課，因為早戀已經很不好了，影響學習不是更糟糕嗎？為了打動他，我還假裝開明地朝他扔出誘餌：「你們也要為將來打算的啊！對不對？」

沒想到他非但不領情，還一臉傲嬌地對我：「你這不是假民主嗎？好的將來一定要先讀書才能換來嗎？我們選擇淡泊名利不行嗎？」所以說，要發出奪命三連問前，必須先多讀點書嘛！

「淡泊名利」不是力不能及的無奈，也不是心滿意足的自賞，更不是碌碌無為的哀歎。「淡泊」也是要講資格的，力所能及，但從不強求；明明擁有，但選擇放手，這才叫「淡泊」好不好？

劉律勤

乒乓球

/ 性別：男

/ 溫暖他人的小太陽

賽事和獎牌

學會面對壞經歷

當小太陽遇上烏雲

大爺的表弟剛出生那會兒，他非常遺憾表示：「我沒想到外婆是這種人！」

「怎麼説話呢你？」我緊張地追問：「我媽媽是哪種人了？」

「外婆就是那種貪新忘舊、見異思遷的人！」語氣中的酸溜溜簡直不要太明顯。

原來在我妹妹家看望小表弟的時候，大爺看到我媽媽忙前忙後的，又是餵奶，又是換尿布。完全忽略了本來一直小心呵護，捧在手心的他，於是大爺醋意大發了。

大爺發現初生嬰兒都是萬千寵愛以後，頓時警鈴大作。回家就向我們發出鄭重聲明——他絕對不歡迎任何疑似弟弟或妹妹的生物到我們家來當什麼新成員！還特別貼心地表示：「生孩子太危險了，我實在不想媽媽冒這個險！爸爸，你説對不對？」給爸爸的眼神裏迸發出來的，難道不是警告與威脅嗎？

其實光教養他一個我們已經疲於奔命、累死累活了，他還是那麼「有趣」的一個小孩，我們還哪來的勇氣再生孩子呢？

直到近來，情況突然有了一百八十度飄移式大拐彎的劇烈變化。有一天，他突然心血來潮道：「媽媽，我想要一個弟弟！」

我心想：我到底做錯了什麼，你要這樣子耍我呢？

還沒來得及問大爺是不是存心看我窘迫，他已捷足先登搶白補充：「我要一個像劉律勤一樣的弟弟！年齡和性格都要和他一模一樣！」

「那你直接把勤勤當弟弟好了。」我實在沒辦法直接生出一個九歲的男孩子啊不好意思！

我挺理解大爺喜歡勤勤的心情的，因為我也特別喜歡勤勤。他就像個小太陽一樣，臉上無時無刻掛着燦爛的笑容，總是一副活力四射、正能量滿滿的樣子，要是哪天早上看到他，你一定會覺得那是充滿希望的一天！

裝酷孩子中的小太陽

隨着老爺工作愈來愈忙，帶大爺打球的任務不知不覺落到了我的肩上。經常遊走港九新界各大體育館，碰面的總是那些小球員。比較有禮貌的小朋友，見你已經跟他混了個臉熟，就皇恩浩蕩地賜你一句「hi」，更多的是視若無睹，不理不睬。能像勤勤這樣遠遠看到你已經喜上眉梢地朝你揮手，還會連蹦帶跳地特意走到你面前，然後甜甜地喊：「雯雯姨姨」，卻是萬中無一，百年一遇的。

勤勤不光對長輩有禮貌，而且待人熱情。每次跟我打招呼後，總不忘問：「劉綺晨呢？」只要他知道大爺身處何方，必定拔腿就跑，光速出現在大爺練習的場地外，只要大爺處於與教練的練習賽中，勤勤一定會無視教練的感受，卯足勁給大爺打氣的。勤勤這份因為友好而無懼強權的勇氣，簡直是黑白生活中的彩虹，任誰都會按捺不住，為他的率真討喜而會心微笑的。

在打氣方面，勤勤可算是專家。還記得大爺跟勤勤早前一起參加了一個球局，那球局非常創新，竟然設有「最佳打氣大獎」。

勤勤在乒乓球比賽中雖然沒能跟大爺一起晉級，但樂天開朗的他絲毫不見失落難過，反而拿出最大的決心競逐最佳打氣大獎。在大爺打決賽的時候，勤勤傾情、賣力、忘我地演出，又是連聲吶喊：「加油劉綺晨！」又是仰天長嘯：「Jor nei！Jor！Jor nei！」結果毫無懸念，勤勤在對手難望項背的情況下勇奪「最佳打氣大獎」。

大爺被逗笑了，一邊給我展示當天的照片，一邊指着照片上嘴巴都快咧到耳朵的勤勤説：「媽媽，你看！勤勤笑得多開心，他拿個最佳打氣獎竟然比我拿冠軍還激動！」凝視照片中勤勤被定格的笑臉，大爺的嘴角情不自禁地抈起了一個好看的弧度，對這個小弟弟的喜愛之情洋溢於舒展的眉宇之間。

球賽無敵人

有些家長，認為孩子一起打球就是彼此的競爭者，甚至是無法撇清的敵對關係。如果家長先入為主地有這種想法，甚至灌輸孩子，孩子就錯失因着乒乓球而成為朋友的機會了。

曾經有一個隊友跟大爺説：「We are not friends！We are enemies！」其實隊友是個乖巧的男生，但他的爸爸要求他緊記自己與隊友之間的競爭關係，好讓他積極求勝。自此以後，男生不敢跟大家交流接觸，生怕這舉動會觸怒爸爸，還總刻意保持拒人於千里之外的態度。球原本是打得不錯的，但因為不開心，愈打愈沒勁兒，後來成為了隊中的強弩之末。

相反，勤勤胸懷坦蕩，總是敞開心扉對待身邊的人，沒有所謂敵友之分，是真正如天使般純真的存在啊！沒有人不喜歡天使的，所以大家都很喜歡勤勤。

個性有一部分是天生的，但也有一部分是由家庭教育影響而來的。我總覺得勤勤可愛的個性與家兒的好脾氣關係至深。

友善孩子熱情媽媽

家兒是勤勤的媽媽，她親切且愛笑，溫柔且熱情。在這個乒乓球家長圈中，各人一般以「綺晨爸爸」、「勤勤媽媽」自居，並互相稱呼着，畢竟大家也是帶帶孩子，那就做好事不留名吧！

然而，家兒是那麼的不一樣。第一次和她聊天，她便主動問我：「你的朋友都是怎麼叫你的？」當時我竟有片刻失神，這是我帶大爺外出打球多年以來沒有過的遭遇。

家兒熱情地伸出友誼之手，因此，一向內斂含蓄的我知道了她的名字。她應該是我所認識的乒乓球家長中少數知道我名字的人，感覺她就像我的朋友一樣，有別於許多止步於點頭的家長。

家兒是大爺心目中的理想媽媽，大爺更曾大言不慚地指揮我道：「你要向勤勤媽媽好好學習！你看人家多溫柔！」

勤勤的個性隨媽媽。善解人意、溫潤隨和的家兒是個很純粹的媽媽，不會在孩子打球這件事上作什麼計算，也沒有什麼目的，隨緣自適，一心一意只希望孩子健康快樂，想給他很多很多的愛。

我覺得她和我挺像的，而且我們都是老師，有很多共同話題，一見如故，尤其説起初為人師的辛酸，更是彼此都深有體會。

家兒説過一句深深引起我共鳴的話，她説：「很多人説勤勤很幸福，因為媽媽常常陪伴着他；我覺得我才是最幸福的人，因為兒子常常陪伴着我。」

我是個很喜歡把愛宣之於口的人，幾乎天天向大爺告白，有時候我感覺到他聽到「我愛你」的心情彷彿已經麻木到就如同聽到「早安」、「你好」了。以前小的時候，他也會勉為其難回我一句「我也是」，現在他十一歲了，

「長大成人」了，很多時候索性直接忽略我！我受傷的「少女心」呀！

幸好，這個世界上有「陪伴是最長情的告白」這操作，一如家兒所説，我陪伴他的時間其實也是他陪伴我的時間，我就直接把它當作兒子對我長情的告白好了。

家兒跟我一樣，很珍惜與兒子在一起的時間。因為從小她就被迫着獨立，家人營營役役、為口奔馳，陪伴她的時間有如鳳毛麟角，寥若晨星。於是，她從小就想：假如自己長大了，要當媽媽了，一定不可以讓孩子遭遇跟自己一樣的事情，她會用最大的耐心陪伴他成長，讓他一點兒不孤單，這就有了後來那個幸福的勤勤的故事了。

在壞經歷面前笑着

勤勤也有碰上「壞經歷」的時候，但我認識的他是絕無僅有的好脾氣，彷彿沒什麼不如意的事情能激起他的情緒。他不哭不鬧，卻又不呆愣，是個聰明活潑、開朗愛笑的小太陽！

有一次，勤勤和大爺一起參加了一個球局。大爺的乒乓路進程比別人快一點點，打球以來，身邊一直都是年紀比他大的哥哥。當小弟當久了，難得遇上一個千載難逢當哥哥的機會，他立即牢牢抓住，非常積極地當起勤勤的場外指導來。

那天，勤勤如有神（晨）助，竟然跟一個年紀比他大好幾年，而且球技了得的大姐姐打出勢均力敵的形勢來，進入決勝局，勤勤甚至領先 10:5，勝利在望了！眼看大衛打敗巨人的奇蹟快要歷史重演，大姐姐的爸爸坐不住了，給了大姐姐點石成金的點撥，最終大姐姐反敗為勝，勤勤扼腕啊！不！是扼柱，正確來說是「抱」，勤勤抱緊體育館粗壯的柱子，生無可戀地說：「啊！我輸了！我怎麼能輸呢？我怎麼能領先 10:5，倒輸 10:12 呢？」抱完了柱子，又是自嘲地笑，我和大爺也笑，但卻是捧腹大笑，勤勤真的太搞笑了！

然而，事實是小太陽也有憂傷時。由於疫情的關係，今年的恒生新一代大比拼 U9 比賽，每位球員只允許帶上一位同行者，因此，我們沒能親往現場，為勤勤吶喊助威。可是，我們心裏是很支持他的，尤其是賽前陪過勤勤練球的大爺。於是我們向勤勤送上祝福訊息。

沒想到比賽結束，家兒發來說勤勤流眼淚的消息，原來勤勤拿第二名了，所以很難過。

當太陽遇上烏雲

太陽也有被烏雲擋住的時候，但烏雲總會有散去的一刻，迎接太陽歸來的，必定是光彩照人的彩虹。因此要向每個「失望」表示歡迎，因為每個「失望」都有其意義。別人都說要擁抱「希望」，我說要先學會擁抱「失望」，因為「失望」是「希望」的探路人，他確定你已經足夠強大，就會引薦「希望」成為你明天的神秘嘉賓。

老爺知道勤勤哭了，突然深明大義地說：**「勤勤會哭了，證明開始在乎了，在乎了就會想方設法打得更好，很快就會進步了！」**

一旁聽到老爺抄襲盧傳淞教練經典對白的大爺，真情流露地朝侵犯版權的人翻了個白眼：「爸爸，你也太雙重標準了吧？為什麼我小時候輸比賽哭鼻子，你不是這麼說的？」老爺的臉色瞬間就精彩得有如調色盤了！

老爺也是自找的，說白了大爺哭鼻子也只是求安慰而已，早給他不就沒事了嗎？

當然，也不是孩子想要的東西我們也給得了，有些事情是超出我們控制範圍的。比如後來勤勤參加少兒精英隊選拔，竟然出人意料地名落孫山，這使勤勤對自己產生了懷疑。

面對失望的勤勤，家兒相信這是天父最好的安排。一如當初大爺失落港青選拔，我從沒有懷疑天父的決定。我想，這就是基督徒與別不同的地方，無論遇上什麼事情，惡意也好，不公也罷，我們始終活得充滿盼望、心存喜樂。**因為我們知道，天父要造就人，就是要人有經歷，經歷也許不盡是美好，但總都是有用。神的美意，我們終將明瞭，並深深讚美。**

黃老師的採訪後記

小時候到鄰居阿姨家吃飯，回家後總愛說鄰居家的飯多好吃多好吃，哪怕阿姨的手藝明擺着就是跟我媽媽無法比，媽媽說這叫「隔離飯香」。

當我們長大了，為人父母了，還是逃不出這「隔離飯香」的桎梏，總愛羨慕別人家的孩子，看別人家的孩子什麼都是好的，看自己的家的孩子呢，卻是各種不順眼。

其實這一切都只是因為太愛了，太愛了就太想他方方面面都出類拔萃、無可挑剔，有了這種想法就動輒感到恨鐵不成鋼。

不要忘記欣賞自家孩子，因為孩子是天父交給我們最重要的產業。畢竟神給我們的所有經歷，就是為了讓我們造就自己的孩子，所以孩子需要的，我們一定給得起！

這讓我想起〈彼得前書〉1章6至7節：「因此，你們是大有喜樂；但如今，在百般的試煉中暫時憂愁，叫你們的信心既被試驗，就比那被火試驗仍然能壞的金子更顯寶貴，可以在耶穌基督顯現的時候得着稱讚、榮耀、尊貴。」

我們總是埋怨神沒給作為基督徒的我們推出什麼優惠計劃，其實只是我們都沒看宣傳單張而已。《聖經》已經白紙黑字告訴我們，一切的憂愁都只是大喜樂的鋪墊，好比家兒經歷了孤單的童年，使她明白孩子的成長需要陪伴；當上媽媽後，她把更好的愛給了勤勤，使勤勤成為如小太陽一般的男孩子。好比我小時候經歷了父母離異，使我明白來自破碎家庭孩子的心情，當上老師後，能更好地理解他們，當他們的同行者。

再一次證明，神的安排一定是最好的，而且都是造就人的。這個「人」甚至不光是我們自身，還可能是我們身邊任何人、所有人。因此我們都要珍惜神給我們準備的好經歷，更要感謝神給我們準備的「壞經歷」。

貓 嫂

乒乓球

/ 性別：女

/ 香港青少年隊成員的媽媽

賽事和獎牌

鼓舞自己和別人的孩子

成就孩子到成就他人

這個世界上，除了女人的心，我們家大爺的心也是非常不好拿捏，極度難以測透的。就拿我要不要看他打球這件事來說吧！根據大爺自家的消息透露，如果他練球當天狀態「槓槓的」，希望我有幸欣賞，要是我能自覺地拍下練習的片段，讓他回家後得以回味當天課上的英姿，我就更值得被用力點讚了。換一種情況，同樣是練球，但大爺當天找不到手感，表現走樣，他希望我能把自己曾經出現在體育館這件事忘得一乾二淨，把記憶拋到九霄雲外去。

光練習就這麼多講究，對於比賽，他的心理活動就更多姿多彩了。他説他很希望我能支持他的，然而我在場的話他卻總是打不好。他太想打好給我看了，但往往愈這麼想，愈是事與願違。那説明我是他最重視的人吧？於是，我就歡天喜地地認命了。

因此，他從小到大的乒乓球比賽，我基本都不怎麼去看的。不過，我會看老爺拍回來的視頻，當然一定要在大爺的陪同下觀看，這位熱情好客的主子，還會給我當旁述呢！

熱情的啦啦隊隊長

然後某一天，我發現有一個特別激情的聲音，總是反反復復地在大爺的比賽畫面以外叫響，一聲又一聲「劉綺晨加油！」的吶喊聲，牢牢抓住我的注意力：「這是誰的聲音呢？」

「貓嫂啊！」大爺不假思索的回應，除了反映貓嫂的聲音辨識度高以外，還意味着大爺對貓嫂一直在幫他打氣印象深刻。

從那個時候開始，我暗暗決定一定要見一見貓嫂，好好感謝她對我家大爺的支持才行！

後來，我終於在一次乒乓論壇的球局上一睹這位神秘女子的風采。那是一個慶祝復活節而舉辦的比賽，沒記錯的話，好像叫「比卡超盃」。貓嫂一出場就抱着大大小小的毛絨玩偶，全都是比卡超系列的，造型可愛，七彩繽紛，與貓嫂燦爛的笑容相輝映，使我一時間竟覺得眼前的人跟那慷慨激昂的吶喊聲有點對不上號。

孩子們一看到貓嫂便一擁而上，幾個人展開了充滿童趣的對話。三言兩語間，貓嫂已是童真盡現。

貓嫂抱着最大的比卡超對孩子們說：「這是今天冠軍的禮物，你們要不要把它帶回家？」

一個小女孩指着另一個粉色的玩偶，一臉純真雀躍地說：「我喜歡那個！」

貓嫂因勢利導說：「哎喲！你怎麼知道那是我特意為你買的？那你要拿前三才能帶走它，它等你啊！你加油啊！」

直到場上再次響起那句熟悉不過的「劉綺晨加油！」，我才確定貓嫂果真就是大爺短片中那個激情聲音的主人。

我還發現貓嫂不光為我家大爺打氣，還為場上每一個小朋友打氣，而且都很真誠啊！你可能疑惑：打氣這種事，還有虛假的嗎？那是自然！

每次學校運動會，指定環節之一就是班際啦啦隊比賽。總能目極千里的班會主席看到遠處的風吹草動，就會馬上機警叫醒看台上正懨懨欲睡的同學：「快站起來！快站起來！老師來了！打分了！打分了！給力給力！」然後同學們一個兩個表面僵化，喊起了有氣無力的口號——這就是青春的鬼樣子！

所以貓嫂這種熱情大概無關青春，她這種和孩子之間的引力，依我看，更接近教師的魅力。不是每個教師也有教師魅力，這是與生俱來的，如果你得天獨厚擁有教師魅力，同時又剛好選擇成為教師，教育孩子對你而言可能會相對得心應手一些。因為有教師魅力的人，比較容易得到孩子的喜愛、信任、甚至依賴。那麼，貓嫂不是挺適合當教師的嗎？

由陪自己的孩子到陪人家的孩子

在後來的一次談話中，竟然被我發現我這瞎蒙竟然蒙對了。貓嫂說：「其實我很喜歡小朋友，因為小朋友沒有機心，跟他們說話沒有顧慮，可以暢所欲言，毫無壓力。」

貓嫂本來是真要當教師的，陰差陽錯，成了銀行會計，後來發現這份工作挺不錯的，很適合她喜歡與人交流的個性，於是就一直待在那個崗位上，直到貓仔三年級。

貓仔，顧名思義，就是貓嫂的兒子，本名陳以信。一個充滿宗教色彩的名字，昭示着他生於一個基督教家庭的福氣。大概由於「以信心仰望神」的緣故，貓仔很小的時候已經在乒乓球方面表現卓越。在旁人眼中，這種過人的天賦肯定是神的恩賜和使用。但在貓嫂眼中，她只覺得兒子太忙了，不是練球就是比賽，她分到的親子時間太少了，於是她開始思考怎樣才能不影響兒子打球，又能多爭取跟兒子相處的時間。

我家老爺很喜歡說一句話：「不要妄想改變任何人，你只能改變你自己。」原來貓嫂跟我家老爺也有過一刻的心聲互通，**因為貓嫂選擇改變自己的生活狀態，放棄工作，投入到貓仔熱愛的乒乓球領域中。**

球網 KOL

貓仔三年級已經考進了少兒精英隊，當真很厲害。可是想要保持領先，除了恆常訓練和私人教練課，也特別需要比賽經驗。以前沒有那麼多的球局時，貓嫂四出尋訪，發現一些工廈中有「大叔局」，就鼓勵着貓仔去參加，積累實戰經驗。

「那些叔叔特別好，打完比賽還會指點一下貓仔，」貓嫂憶述往事，依然甘之如飴：「我特別開心他們總是誇我兒子很有禮貌。」

應該還直誇貓仔球打得好吧？畢竟他三年級已成功爭取名額，跟其他五、六年級的哥哥姐姐一起代表香港參加東亞兒童盃。貓仔可真説得上是年少成名，非常值得父母驕傲的孩子了。當然，成功的背後，父母的用心栽培自是功不可沒。

「當時的球局都是成年人打的，沒有小孩子球局，我就自己組織。我約上六、七個年齡和貓仔相仿的小朋友一起打，發現效果不錯，就再多約一些小朋友，不知不覺就從當初的攢局，發展成現在的『香港乒乓網』了！」

香港乒乓網現有會員超過一萬，是會打乒乓球的都知道的一個大規模乒乓球平台了。想要了解不同的球會、想約戰、想認識乒乓器材、想討論戰術、想進行二手買賣，想獲得比賽資訊……這裏提供了一站式的服務。誰又會想到這個應有盡有的平台，起初只是一個為了兒子而攢的局？

還記得某個長假期，大爺説他的假期願望是「怒打球局」。於是老爺就像魔法師一樣幫他實現願望，安排了每天晚上一個球局。我雖然不怎麼看大爺打球，但長假期也儘量陪着他的，大不了他打球的時候，我便到體育館周邊逛逛，或是找家咖啡廳看看書。等大爺打完，我們就一家子樂聚天倫，吃香喝辣！

本來以為每天晚上一個球局的安排，就預示着我要一連十天把青春耗費在九龍塘又一城了，因為球局差不多都在歌和老街體育館嘛！沒承想，真相竟然是今天在九龍塘，明天在海洋公園，後天在屯門，球局天天變樣，我逛的地方天天不同，大爺對戰的對手天天換些人，真的好驚喜呀！

我暗自思忖，決定滿足老爺一丟丟的虛榮心：「你什麼時候變得這麼神通廣大了？」老爺一如我所料地沾沾自喜：「資訊都是在香港乒乓網找來的！」

全靠這個平台，大爺過了一個充實多彩的長假期，說來應該感謝貓仔才對吧？難怪孩子們都喜歡貓仔。

還記得有一次參加乒乓網舉辦的球局，球局開始前，貓仔的爸爸，也就是貓哥說：「一會兒貓仔會過來跟你們玩，今晚冠軍可以跟貓仔比賽！」

球場的氣氛立馬沸騰了！我家大爺完全就像打了雞血一樣朝氣勃勃，幹勁十足。我那會兒還不知道很多關於乒乓球界的基本資訊，好奇心簡直爆炸：「貓仔到底是誰啊？」

「你不知道？」大爺一臉擔心我智商的表情：「你坦白告訴我，你到底是不是香港人？你自己谷歌吧！我現在沒空跟你科普了，我今晚一定要拿冠軍！我要跟貓仔比賽！拜拜！」說罷一溜煙走了。

果然，愛拚的男生運氣不會太差。大爺最終如願以償，跟貓仔打了一場，雖然慘敗，但是絲毫無損他成功打卡的喜悅。

我問大爺：「瞧你樂得那個樣子！看來你很喜歡貓仔啊！那你是喜歡貓仔還是喜歡貓嫂更多一點呢？」

大爺毫不猶豫：「那是貓嫂！因為貓嫂對我好啊！」

昇華的愛

對啊！貓嫂對小朋友真的很好！貓嫂還很厲害！當初因為兒子，她放棄自己的工作。台灣人眼中最危險的職業是全職太太，當中有提到十大原因，其中之一是孩子長大後，全職太太就會感到空虛。然而，貓嫂顯然已經通過親身經歷推翻此說。

貓仔兩年前已經掛拍，從香港青年隊退下來了。最後他選擇了讀書，不走職業路了，**但是貓嫂仍然駐足乒乓球壇，我們依然能在大大小小的乒乓球賽場中找到貓嫂的身影，看到她目光如炬地專注欣賞小朋友們的比賽，聽到她慷慨激昂的打氣聲。**

對於乒乓球，也許她一開始像很多母親一樣是一無所知的。然而，因為對兒子的愛，她放棄自我，了解兒子的所愛，卻意外地成就了另一個自己。更意外的是，在兒子的熱情已經雲收雨過之時，她發現自己已經愛上了乒乓，以及關於乒乓的所有人和事。

我把貓嫂這份愛，視為一份昇華的愛。

從前，貓嫂因為貓仔與乒乓結緣。現在，貓嫂與乒乓之間有着他們之間專屬的獨立關係，她仍慶幸昔日陪貓仔世界各地到處跑，為她累積了很多支援比賽進行的經驗，今天得以運用這些經驗把乒乓球推廣到社區和人羣中。

2018 年，香港乒乓網協助利民會舉辦第一屆利民慈善盃，不光為精神病患者及社區精神健康服務獻出了愛心，還為一眾以踏足伊館為夢想的老中青少四代乒乓球手一圓夙願——這大概是愛的再一次昇華。

黃老師的採訪後記

台灣有調查發現，在台灣人心目中，全世界最危險的職業，第一名是全職太太，因為她們不被了解，容易出現情緒問題。

很多人誤以為全職太太都很閒，除了在家掃掃地，就是上街喝喝茶，業餘活動就是和其他全職太太討論熱播劇裏哪塊小鮮肉最帥。事實上，全職太太就是管家、保母、老師、心理諮詢師、理財師、廚師、清潔工、採購員等多種職業的混合角色，最要命的是一天二十四小時處於上班狀態中，沒有所謂的「下班回家休息一下」之說。因此，為了家庭、為了孩子放棄自己本來的工作，全身心投入到家庭中當全職太太，那是多大的勇氣才能給出的一份犧牲的愛啊！

就以我為例吧！每一次被大爺氣得差點兒喪命，我就特別慶幸自己能回學校。有時候沒忍住向同事吐槽那個小沒良心的行為，同事總是禮貌地說上幾句維護他的話，然後我總是天真地相信了一些，心情就會好一點點。有時候是學生看到我一臉苦大仇深，基於天使的自然反應，都會不遺餘力地安慰我，那是愛啊！無數遍在心裏感恩有學校這個讓我喘口氣的空間，我才能活到今天。

有一個舊生的媽媽，因為兒子身體不好，辭去了工作，在家裏當起了全職太太，照顧家人的生活起居。然而，三天兩頭總看到她在面書吐槽她的婆婆給她挑刺，說什麼她不出去工作，在家裏坐享其成……所以全職太太真的不好當啊！

然而，貓嫂這位全職太太又當的有點不一樣——她是一個帶着兒子馳騁沙場的全職太太，而且從過程中找到新的自己。這是一份很有勇氣的愛。

梁東發

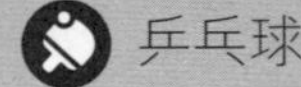

/ 性別：男

/ 對戰過歐美選手，踏足過國際賽場

賽事和獎牌

培育基層孩子喜歡乒乓球，帶他們走更遠

為失意喝采

眼前的男士高大壯碩，皮膚黑黝黝的，感覺像個籃球健將，他卻告訴我，他本來是踢足球的，而且已經踢到香港青年隊的水平了，現在是一位乒乓球教練，另文提到的劉家志就是他一手帶大的，這令我與他見面之先，內心已經充滿了敬佩之情。不都説「你的教練如何，你的學生也必如何」嗎？在我的預想中，人稱發哥的梁東發教練大概是個外型粗獷豪邁，內心親切和藹的矛盾體。

舊式文具店的邂逅

打開話匣子的，是我那顆活蹦亂跳的好奇心：「發哥，你為什麼突然就不踢足球，改打乒乓球了呢？都已經是香港青年隊代表了，不是很可惜嗎？」

一如我所料，發哥一開口就是平易近人，溫文有禮：「當時我就讀四、五年級，是隊裏的守門員，有時候龍門沒守住，被對手進球了，隊友都會怪罪我，生我的氣。我就老想改玩一項只需要向自己負責，不用因為輸球而感覺愧對別人的運動。」

接下來是發哥和他一生中最愛邂逅的情節，聽他娓娓道來時，我的腦海中不由自主浮現出懷舊電影中微黃、安靜而溫情的畫面，具體來説，是有點像電影《歲月神偷》的感覺。

「有一天，我和爸爸經過一家舊式文具店，看到乒乓球拍套裝，就是那種很便宜、膠皮近乎沒有厚度，一套兩個拍子，還附上兩個小球的玩具，我們買了一套，在家附近的石枱玩起來。沒想到，熱情一觸即發，我竟一發不可收拾地迷上了乒乓。」

從此以後，發哥家附近的石枱成為他的喜愛「蒲點」。久而久之，他跟一起到石枱打乒乓球的叔叔們混熟了，叔叔們帶他到不同的地方去參加球局。

雖然一直沒有正式學球，但在石枱打了一陣子，又參加了一段時間球局，叔叔們發現發哥竟然無師自通，可見天分過人，於是建議這個懵懂的小男生到內地去找專業教練正式學球。

我以為收到這個建議後，當時年僅十一歲的發哥，從此就會像如今很多學球的小孩一樣，與父母每週穿梭於香港和內地之間。沒想到，一個重磅的信息卻毫無預兆地把我驚得魂不附體——為了達致最大經濟效益，發哥竟然每個星期一個人跑往內地練球。

以賽代練的單人冒險

一個十一歲的小男生，自己去球館、自己找教練，再後來是自己報名內地的比賽，他告訴我這叫「以賽代練」。我不知道這在當年是不是一個俯拾即是的情況，但現在肯定沒有幾個父母能放這個心的。有捨才有得果然是真理，發哥的父母勇敢放手，於是收穫了一個成熟獨立的兒子。

所以，這個別人家的兒子現在到底多大了呢？目測的話是三十不到的，然而，他憶述那件讓他意難平的往事時，表示那已經是十年前的事了，當時他正在讀大專三年級……屈指一算，原來他的實際年齡要比我猜想大一些，看來「心地善良的人看上去特別年輕」這句話還真挺有含金量的啊！

十年歲月，也許可以讓人遺忘一句諾言，令人淡忘一個故人，卻未能叫發哥忘卻自己的夢想。十年前，他和很多大學生運動員一樣，心懷一個世界大學生運動會夢。事實上，他也曾在夢想的咫尺之遙外徘徊不去，眼見夢想就在觸手可及的不遠處，他摩拳擦掌、熱切期待一個指示他邁步前進的通行證。不料，竟冷不防迎來命運之神的作弄──他狠狠地朝這個年輕人的頭上澆了一盆冷水，叫他身心發抖，為與夢想失之交臂而瑟縮在陰暗的夾縫中。

因為懷抱過希望，所以承受了失望。發哥的心被巨大的心理落差擰痛了，到底那是一種什麼樣的痛呢？

我大着膽子問：「會哭嗎？」

「會呀！」發哥毫無掩飾，坦誠回應。

他的心雖然被重創了，但並沒有放棄自己的夢想。希望落空後，他仍然堅持每週北上到內地去練球，只是每次經過深圳灣，看到正在佈置的世界大學生運動會場地時，他的眼淚總會不由自主地潸然而下。

假如你有機會看到發哥本人，親眼見識到他有多壯碩，你就會明白我有多麼難以想像他流淚的畫面。

發哥搭配眼淚絕對是一個極大的反差，這個反差令凡是有夢想，或者有過夢想的人，聞之心頭不禁隱隱作痛。

此路不通，自有別路

天父把這樣的戲碼安排到發哥的生命中，這對他來說無疑是一種折磨，幸而，**這段難過的日子，他到底是挺過去了。只因他明白淚水只能替他洗去悲傷，唯有汗水能為他換來成功。**

只要看到後來的發哥，我們不難發現這其實是天父巧妙佈置的試煉，當中盡是祂的美意。發哥面對不如己意的命運，印證了印度詩人泰戈爾的詩：「世界吻我以痛，我報之以歌」。快樂與否，從來不在於你得到的夠不夠多，只在於你計較的夠不夠少，關鍵是一顆感恩之心。因此，他華麗轉身，完美逆襲，把遺憾變成了祝福。

自此以後，發哥除了參加內地的比賽以外，還開始自資打國際賽。對戰過歐美選手，踏足過國際賽場，終於令發哥明白世界之大，個人的榮辱得失在香港這顆其貌不揚的微塵上，不過滄海一粟般的存在。倒不如不念過去、不懼未來，令每一個明天活得更精彩。

帶基層孩子走更遠

後來，發哥把原本自攢的、和三五好友相聚的球局發展成球會，把自己的生活態度、人生價值傾注到天悅球會中，用夢想和大愛澆灌天水圍的基層孩子。他表示最大的希望是令這些和他小時候一樣喜歡乒乓球的小朋友走得比他更好。

他表示自身經歷令他明白通往目的地的路有很多，大家也認為大直路是最好走、最快捷的；但繞一下道，卻能看到比別人更多的風景。晚一點到達又怎樣？要相信所有遲來的歡喜，都是天父恰到好處的安排。

〈約伯記〉37 章 23 節「論到全能者，我們不能測度；祂大有能力，有公平和大義，必不苦待人。」因此失意過後，發哥迎來了人生的彩虹。他的學生就是他的彩虹，因為這些孩子，他的生活更多姿多彩，生命更鮮活亮麗。

發哥曾領他們到內地看「地表最強十二人」乒乓球賽，感受乒球魅力；又帶他們到過台灣打比賽，開闊視野。就像劉家志所言，要不是因為發哥，他們這幫視乒乓球為夢想的小孩，根本不可能有這些經驗，因為家長不懂得安排，學校則不會作出這樣的安排。

發哥說，基層孩子不能跟中產孩子比基本功，因為他們和私人教練練習的機會一定比不過別人，所以他教孩子們不要硬碰基本功，取而代之以發球、旋轉、刁鑽的套路取勝。正所謂「此路不通，自有別的可行之路」——這是他從十年前的不愉快事件中領悟到的道理。

他還告訴孩子，人生就像打乒乓球，球打出去就不能重來，因此，我們要在擊球前選擇最有利自己的方法，使自己接下來不至處於劣勢，甚至可以一朝翻盤，反敗為勝。

遺憾變成使命

不是每個學生都有天分，但發哥堅信每個夢想都值得被實現，因此他全力以赴，幫助每個學生編織夢想，更鼓勵他們努力練習，承諾會帶他們去歐洲比賽，陪伴他們打開乒乓球的世界之門。

發哥說已經過了那個心懷鴻圖大志的年紀，現在沒有什麼追求了，唯一的希望是學生都能飲水思源。哪裏不是鴻圖大志了？這明明很難，好不好？

假如當教練的、當老師的，沒有付出足夠多的愛和心血，怎麼有這個自信和勇氣對學生寄予這樣的期望呢？

可喜的是，發哥是一個很好的教練，他以自己經歷的苦楚為據，授以學生正面的人生價值，告訴他們經歷多少事情，就看到多少風景。

家志曾説，發哥是那個令他從「沒有」到「有」的人，除了父母，發哥就是他最重要的人了。我不知道這是否發哥教育和要求學生做到的「飲水思源」，但這份美好的情意，大概沒有人敢否認它的珍貴。**如果沒有當初的事情，就沒有那麼多的心聲。發哥把一切遺憾變成使命，帶領他的學生感受乒乓的樂趣，更重要的是透過自身經歷，讓他們明白要為失意喝采，因為它必不辜負任何一個夢想。**

黃老師的採訪後記

大家可能都有過相似的經驗，就是長大以後，回想起小時候那些與兄弟姊妹打架打得聲淚俱下的過去，彷彿都是一些笑料，舊記憶中的每一個人物彷彿都變成了諧星。因此，當你不再糾結於過去，你就釋懷了；釋懷了，你就長大了。

當然，如果你能像我婆婆一樣，能以過去經歷過的所有喜怒哀樂為傲，那又是另一個境界了。

話說我家婆婆很喜歡到老人中心消遣，有一天，她聽到我的妹夫說他永遠不想再提起自己被確診新冠肺炎的事情後，便睿智地贈了他一段：「近來老人中心玩遊戲，老讓我們分享年輕時候經歷過什麼難忘的事情。你能確診這麼劃時代的疾病，還成功死裏逃生，挺威風的啊！將來跟其他老人分享的時候夠矚目了！」好像也的確是這麼一個道理啊！

沈文教練

乒乓球

/ 性別：男

/ 1985 年全國運動會男子個人第五名

賽事和獎牌

教練，以乒乓療癒人

乒球療癒人心

除了吃喝拉撒，大爺每天必做的事情就是打乒乓球。如果大爺這算是狂熱分子，那真正全年無休，雷打不動，風雨不改，不打不痛快的局長，應該被視為狂熱分子中的戰鬥機了。

跟戰鬥機不一樣的是，戰鬥機單獨行動，那叫瀟灑；打球沒伴兒，卻是孤掌難鳴，所以文教練捨命陪君子的「高義行為」，說是「壯舉」也不為過了。

捨命陪君子

到底是什麼原因，促使文教練在八號暴風信號肆虐下，堅持經沐風雨，從荃灣跑到杏花邨，為的只是打兩個小時的乒乓球呢？

可能當初答應局長真的是出於自然反應，因此文教練聽到我的提問後，細思半晌，輕輕皺了下眉，才徐徐回應：「我大概也有點被他感動到吧！他真的很拚啊！」

文教練說局長雖然年屆七十，沒有用不完的體力，卻有用不完的鬥志。每次練球，他非打個氣喘吁吁、汗如雨下不罷休。

我以為疫情期間，一切社交活動可免則免。那些仍然堅持練球的，大概都是在乒乓球上抱有鴻圖大志的年輕球員。沒承想，局長也想方設法地讓訓練進行到底。他在工廈找了個私人地方，千里迢迢從杏花邨跑到荃灣來跟文教練學球。難道他也跟一眾小青年一樣，懷揣遠大目標，鋭意創出一番乒乓偉業？

只見文教練那張與世無爭的臉上又一如既往扯出了一個溫柔的弧度：「沒有的，他甚至沒有註冊成為乒乓球總會球員，他純粹覺得打乒乓球有助於他治癒抑鬱症而已。」

乒乓成為一帖藥

局長，顧名思義，是某政府部門的第一人。當年跟世界上很多局長一樣，是個雷厲風行的狠角色，據説下屬都無一例外地對他聞風喪膽，人還沒見着，只隱隱嗅到他的氣息，已經迫不及待繞道走。

也許是退休以後的生活跟原來的落差太大，以致局長十年前從職場退下來的那一刻起，身不由己地陷入了抑鬱症的桎梏中。他並沒有諱疾忌醫，勇敢面對自己的疾病，一直看精神科醫生。可惜，藥到病未除，纏繞他將近十年的抑鬱症使他一直活在愁雲慘霧中。直至兩年前，乒乓球進駐他的生命，終於為他撥開了雲霧，把希望的曙光投射到他的心間。

文教練憶述第一次見局長的情形時，他的眼睛亮了，一切歷歷在目：「那是兩年前的一個午後，他面如死灰，毫無生氣，看上去整個人彷彿籠罩在一層陰霾下，完全是網上說的那種『低氣壓』載體，驚得我一句話也沒敢跟他說。」

有趣的是，兩年過去，如今局長跟文教練熟稔了，兩人回憶起對彼此的第一印象，竟是意外地相似。我挺意外世界上會有人覺得文教練是個難以親近的人，這當中的誤會絕對不是一般的深。

由此可見，關係真是雙向的，一旦有人願意走出第一步，打開了話匣子，所有高冷總裁的表象都可以瞬間土崩瓦解。

而橫陳於局長和文教練之間的冰塊，自然是由親和指數爆表的文教練親手敲碎。只見文教練小心翼翼地說：「當時正值三罷，局長突然心血來潮，說了上課半年以來的第一句話。我發現他的立場跟我原來是一樣的，便熱情地回應他，在那個自成一角的乒乓球室裏，我們展開了暢所欲言的交流。這一說，他的心扉就慢慢敞開了。以後的課，基本都夾雜着愉快的談話，我們天南地北，無所不談。說得最多的是自己的孩子，最愛說的是自己的往事，局長跟我分享以前在職場上的腥風血雨，我也跟他分享年輕時在乒乓球路上的摸爬打滾。」

那就難怪文教練能成功把冰山劈開了，因為文教練的故事真的很好聽，人生豐富多彩，足跡引人入勝。假如局長的故事是一齣驚心動魄的職場宮鬥劇，那文教練的故事肯定是一部跌宕起伏的史詩級歷史大戲，有高山，有低谷；有流水淙淙，有崎嶇險徑；能看到他走過蜿蜒曲折，迎來漫山遍野的春暖花開。

在德國打球數鈔的日子

文教練自八歲起接受爸爸，也就是當時廣州青年隊教練沈飛的栽培，踏上乒乓球之路。由於表現出過人的天賦，小學五年級便停學加入省隊。1985 年，文教練第一次參加全國運動會，當時年僅十九歲的他一鳴驚人，奪得男子個人第五名。翌年更偕江嘉良、黃文冠、區錦輝等當年的巨星級球員，在全國錦標賽勇奪亞軍。

然而「勇奪」這個詞也許是我一廂情願的說法，因為在專業運動員的角度看，贏的永遠只有一個，就是冠軍。冠軍以外的都是輸 —— 我完全不能理解這種把人迫死的想法。不過不理解沒問題，作為父母，只要記着自己的孩子不過就搞個課餘活動而已，用不着把「專業的」帽子硬往自己頭上扣就可以了 —— 因為真正的專業輸球，可是能叫人沒飯吃的！

文教練猶有餘悸地憶述當年輸球的心情：「那簡直是比死更難受！」

全國錦標賽後，德國向文教練拋出橄欖枝。於是，年僅二十歲的文教練背起行囊，離鄉背井，隻身遠赴德國，效力當時羅斯科夫所屬的球會。

我們現在自然知道羅斯科夫後來成為世界冠軍，但文教練說剛開始的時候，他和羅斯科夫同樣經歷過一段輸球歲月，以致不獲發工資，量地度日。因此，文教練說的輸球比死更難受，真的是一點不誇張。

幸好文教練的生命力頑強，艱難的日子挺過去了，週末活動也從量地改為數鈔票。跟他同期被派往另一歐洲國家的國家隊隊員就沒那麼幸運了。他在當地擔任教練，在球員一直輸球的情況下，作為教練的他一直不獲發工資，心灰意冷之下縱身一躍，沒有死去，卻摔斷了一條腿，斷送了運動員生涯，令人扼腕！

據文教練説，德國當時是沒有國家隊的，只有百花齊放的各類球會。因為辦球會即享免税優待，商人們都不約而同投資各類球會。如今中國乒乓球超級聯賽備受高度關注，舉世矚目，眾所周知是乒乓球界的奧斯卡級別賽事，但原來概念源自德國。

那時候，德國各乒乓球球會全年無休地舉辦聯賽，前列球員基本就等於國家隊核心成員般，得以在國際性賽事代表德國參賽了。由於賽事連綿不斷，結果直接影響生計，數鈔票也緩解不了泰山壓頂般的壓力，所以在球會服務一年後，文教練拒絕續約，帶着人生中的第一桶金，在仍是少年的時光回歸故土，重投祖國的懷抱。

球拍、鈔票、雞皮

沒想到歷盡千帆，歸來仍是少年原來只是個錯覺，年僅二十一歲的文教練回國後，竟然成了老隊員，在後浪澎湃湧現的汪洋中，文教練不得已退役了，莫名其妙地被分配到八竿子打不着他的銀行工作，過上翻天覆地般的新生活。

如果你以為之前在德國數鈔票的經歷有助於文教練適應新崗位，你就太耿直了。人浮於事的生活勾起了文教練對乒乓球前所未有的牽掛，他發現離了乒乓，生命竟然失控般降溫，於是與世無爭的文教練決定勇敢一次，主動聯繫了身處加拿大的前隊友，請他幫忙穿針引線。

無懼加國的漫天風雪，整理行裝，重拾熱情，再一次踏上尋夢之路。

無奈理想很豐滿，現實卻很骨感。德國跟加拿大這兩個在我們看來同樣文明的國度，對待體育運動發展的態度卻大相徑庭、南轅北轍。

先別說加拿大給出的工資跟德國天差地別，就是訓練量也是叫人難以置信的少。但對文教練來說，這又好比上帝關了門後，打開了一扇窗。因為單靠球隊的微薄收入，根本難以維持文教練在加拿大的起居生活，於是耗時極少的訓練量造就了文教練海量的兼職。

「送貨最辛苦了，實打實的體力活，每分錢掰開也是汗水。剝雞皮就最考驗意志了，香港人很喜歡吃的加拿大去皮雞胸、雞腿其實都是人手製作的，工場為了不讓雞肉變壞，我們得待在零度的雪房，一面剝雞皮，一面冷得牙打顫。我這雙手啊，當時都沒有一片完好的皮膚，簡直堪比兩塊破敗的抹布。」回憶封塵的舊事，重新想起那段與乒乓走散的過往，文教練不經意面露如微風撫過湖面的笑容，漾起淺淺的漣漪，無關痛癢，彷彿在訴説別人的遺憾。

然而，文教練讓我發現，遺憾挺好的，遺憾是一種痕跡，證明我來過。如果要説人生最遺憾的是什麼，大概就是從沒經歷過什麼遺憾。圓滿的、遺憾的，都有了，人生也就完整了。

夢想並沒有恭迎不遠萬里而來的文教練，反而給了他一記始料不及的爆栗。文教練不想把青春耗費在兼職上，毅然把所有積蓄，包括從德國賺來的第一桶金，也是唯一的一桶金，用作投資咖啡館。以為這就不必為口奔馳、營營役役，可以高枕無憂放膽追夢。

然而，計劃的步伐卻似乎永遠趕不上變化。剛開業不到一個月，咖啡館的對門就開了一家同類型的連鎖式咖啡館，業務遍布整個歐美，還以買咖啡抽獎送房子為噱頭，導致文教練的咖啡館一瞬間就陷於門可羅雀的境地。結果苟延殘喘不到半年，文教練宣佈破產，還欠了一屁股債，唯有捲起鋪席，敗走香港。

與乒乓重逢

從此以後，乒乓球之於文教練不再是活在童話裏的夢想，乃是賴以維生及還債的救命符。

每天披星戴月、櫛風沐雨的日子，雖然忙碌，卻叫文教練重拾昔日與乒乓球朝夕相對的時光。他的生活因為與乒乓久違的親密而勞累並快樂。相對於剛回國和在加拿大那段十年與乒乓恍如陌路的冰河時期，他更喜歡在香港疲於奔命，但每天與乒乓相伴的時光。

原來，乒乓早已成為他生命中不可或缺的一部分。順境時，會因為有它在旁令歡樂倍增；逆境時，會因為與它共度令舉步維艱走成別具興味。

畢竟是踏足過國際舞台的人，在香港教的卻是小孩、業餘愛好者。我曾冒昧問過文教練，夜闌人靜的時候，有沒有偷偷為自己的大材小用而黯然神傷過一秒？

文教練臉上寫滿了坦然：「沒有！真的一秒也沒有。」

我對文教練的答案深信不疑，因為他曾經説過他最尊敬的職業有兩個，一個是醫生，一個是老師。而他這位乒乓球教練，身體實踐着乒乓球訓練，靈魂卻體現出醫生、老師的精神。

對局長而言，文教練肯定是他遇到過最好的「醫生」，沒有之一了。文教練跌宕起伏的前半生，是最佳的談資，也是珍稀的良藥，令局長撥開抑鬱的陰霾，重新踏上希望的征途。

文教練的「樹洞體質」，也令他在擔任中學駐校乒乓球教練期間，成功干預插手了多宗早戀。因為那些小隊員總愛跟文教練分享自己的青春煩惱，説自己喜歡哪個男生、想追哪個女生，文教練輕描淡寫一句：「但那個男生好花心啊！」漫不經心一句：「比她好看的女生多了，怎麼不選個又好看、性格又好的呢？」先別説他澆滅過的火苗恆河沙數，英勇異常；就是能教學生做正確的選擇，已經説得上是一位好老師了。

雖然文教練清風朗月般淡淡一笑，謙厚地説：「怎算一樣呢？醫生、老師讀書那麼多。我五年級開始輟學進省隊，回想起來，最羨慕那些讀書多的人了。」文教練多次表示，讀書不多是他人生最大的缺失。

如果每一個人的缺失都是上帝咬了一口的蘋果，那缺失愈大，只能說明上帝對他的偏愛愈多。

所以，文教練的「缺失」，拼湊成了他獨一無二的故事，造就了他溫潤如玉、親切平和的個性。上帝對他的偏愛，令他成為一個有故事的人，一位最特別的乒乓球教練。

黃老師的
採訪後記

記得大爺第一次告訴文教練說自己的夢想是當全職運動員，代表香港參加世界級乒乓球比賽的時候，文教練的回答出乎我們的預料。他沒有像一般人一樣，禮貌而疏離地說什麼「加油」、「支持你」、「好好練球」之類的，反倒是語重心長地教導大爺說：「這個目標很棒，但必須先把書讀好！記住啊綺晨，打球很重要，但它永遠排在讀書的後面。」

現在知道了文教練的過往，終於明白當初文教練那言簡意賅的幾句，卻全都是發自肺腑的由衷之言，心中不禁再次感恩大爺能遇上文教練這位良師。文教練把自身經歷的千山萬水化作一句愛的規勸，冒着被誤會是潑冷水的嫌疑，把他總結的人生智慧教給大爺，這小孩真是何其有福！

曾經有學生告訴我，他的座右銘是日本動畫電影《天氣之子》中的一句對白——「年輕人，這世界本來就是瘋狂的，儘管去做你認為正確的事吧！」他以為與其被社會、別人的期望去限制自己的發展，不如為自己的人生負責，趁自己年輕，趁陽光燦爛，一往無前去做自己認為正確的事。這讓青春肆意張揚的想法自然沒有錯，但抉擇前不妨先聽聽前人的故事。

比如看看文教練是怎麼走過來的，也許可以讓你更有效地作出浪漫而不失理智的選擇。

劉綺晨

乒乓球

/ 性別：男

/ 少兒精英聯賽冠軍

賽事和獎牌

專注所愛，成為發光發熱的星星

敗給熱情

曾經，我特別反對大爺打球；後來，他用他對乒乓球的熱情改變了我。

記得大爺第一次拿起球拍是四歲多，第一節乒乓球課學的是反手攻球，最佳成績是連續攻球十九下。當時，他還是一個一百厘米不到的小不點，小球桌到他胸口高，「浮在」桌面上的彷彿就一個又黑又圓的小腦袋和一個被他右手高高舉起的球拍。那雙小短腿為了應付那撲面而來的小白球忙碌得不可開交，東奔西跑的模樣真的好不可愛！

遇上最愛

第一節課才剛下課，他已經急不及待地問：「爸爸媽媽，我什麼時候能再打乒乓球呢？乒乓球好好玩啊！我好想再打啊！」

明明已經氣喘吁吁，汗流浹背，第一句跟我們說的話卻不是喊累。作為一個運動白癡，我知道這種感覺大概就是我永遠無法理解的「熱情」，而熱情是與生俱來的，不是老爺多說幾遍打乒乓球有什麼好處就能把他給洗腦的。喜出望外地發現了大爺燃起了興趣的小火苗，我們便興致勃勃地幫他安排了每星期一節乒乓球課。

第二節學的是正手攻球，大爺的最佳成績是連續攻球三十七下，教練說他很有天分。當時我強烈懷疑那是客套話，為的大概是鼓勵我們一直學下去吧！所以沒有心花怒放，倒是小不點學球時惹來很多人駐足觀賞，引發此起彼落的「好可愛啊！」「好認真啊！」「好厲害啊！」讓我心底悄悄地沾沾自喜了一把。在虛榮心的驅使下，我把大爺接下來幾個月的乒乓球學費也歡天喜地地交了。

如是者學了幾個月，教練說可以幫大爺報名參加比賽。那是一個地區性比賽，水平很低，剛滿五歲的大爺第一次參加比賽就拿了冠軍，從此以後更加喜歡乒乓球了。

一個五歲的小屁孩，竟然主動回來跟我們「談判」，搖頭晃腦，彷彿運籌帷幄地指揮道：「從今天開始，我每星期要多上幾節乒乓球課，你們幫我安排一下吧！」我問為什麼，他便不加思索地回道：「因為沒有乒乓球課的那幾天，我很想念乒乓啊！」

我幾個閨蜜知道這件事以後，不約而同地大呼小叫：「好羨慕啊！」

因為她們的孩子年紀都跟大爺差不多，但是一直找不到自己的興趣愛好，直到現在，還不時聽到她們抱怨：「我家那小孩，學畫畫嫌髒，學打球嫌累，學樂器嫌悶！」

連站六小時的熱情

貌似我該好好支持大爺對乒乓球的這份喜歡啊！於是，我和老爺那陣子幾乎有求必應，每次大爺要求多給他安排乒乓球課，我們都讓他如願，結果沒過多久，他八歲沒到的時候，已經陷於每天練球的恒常中。

經常有人問他：「小弟弟，你累嗎？」

大爺總是毫不猶豫、無比堅定地說：「不累！」

大爺有一個人稱「寵孫狂魔」的外婆，這位寵孫狂魔不時來找我麻煩，責怪我怎麼幫她寶貝孫子安排那麼多訓練，搞得他那麼辛苦。每一次，大爺總是力挺母上：「不是的，外婆，不打球我才辛苦呢！」

老爺常常說：「我們要欣賞兒子，就算不用打球，光站幾個小時，也沒有幾個人吃得消。」

老師上課有時候也一站幾個小時，我當然知道大爺不容易，偶爾也驚歎熱情的力量之強大。它支撐着一個五、六歲的小孩無上限的腳勁，讓他蹦蹦跳跳幾個小時，還面不改容，難怪我家老爺都服了！

每當我嘀咕大爺的精力怎麼都用不完的時候，老爺總是一副洞悉一切、了然於胸的態度：「你看書不也動輒幾個小時？不吃不喝、一動不動，頸椎老病明明在高聲叫囂，你卻完全置若罔聞！」對啊！這是熱情，熱情能使人投入其中、樂此不疲。

廁所裏的《乒乓世界》

大爺讀的是國際學校，功課很少，閱讀時間很多。他是一個非常喜愛閱讀的孩子，但從來只看英文書，對中文書卻一直興味索然，這對我和老爺來說是一個幸福的煩惱。

於是，老爺又出招了！他給大爺訂閱《乒乓世界》，本意是讓他多接觸中文，沒想到從此以後，他對《乒乓世界》完全手不釋卷，沉迷程度簡直叫人難以想像。

每個月《乒乓世界》一寄達家中，他便馬上放下手中所有的事情，津津有味、自得其樂地細閱起來，看一遍還不夠，必須得反復咀嚼。我不允許，他就趁我們不在家裏，偷偷清空了洗手間裏的一個地櫃，把所有《乒乓世界》藏到裏面去……

直到有一天，我終於擔心起他的身體健康來：「大爺，為什麼你每天大便那麼多次，每次還拉那麼久？是不是得腸胃病了？」

看到他閃爍的眼神、心虛的表情，我終於意識到這肯定有詐！這年頭的媽媽都太單純！孩子都太狡猾了！

這年頭的媽媽不光單純，還反覆無常。當孩子狡猾的時候，盼星星盼月亮地盼望他們真誠一點，又不是塑料袋，就不要那麼能裝嘛！然而，當孩子無比坦蕩，把喜怒哀樂都暴露人前時，媽媽又開始嫌棄，抱怨孩子不懂人情世故。

鬧情緒只因太在乎

自從發現大爺輸球會鬧情緒以後，我開始對他打球這事產生了一點抗拒心理。我的理據是大爺唯有在打球的時候才鬧情緒，平常他完全不會這樣的，從小到大，有人搶了他的玩具，他只會一笑置之，從來不爭；有人打他，他只會避之則吉，敬而遠之，從不還手。

「寵孫狂魔」曾經在我稱讚大爺被打不還手的時候，火冒三丈地指責我說：「哎呀！你會不會教兒子呢？綺晨聽外婆説，下次有人打你，你一定要打回去，知道嗎？你媽媽傻的！不要聽她啊！」

大爺再一次英勇力挺母上：「不是的外婆，媽媽説『冤冤相報何時了』，我覺得這好像比較有道理啊！」

因此，我就想，大爺明明是一個和平使者、翩翩君子，為什麼我們要把他塞進乒乓球這個場景中，要他經歷競爭，給他鬧情緒的平台呢？

每一次看到兒子輸球哭得死去活來的樣子，我都好心痛呀！我寧願他沒有什麼興趣愛好，沒有什麼所謂拿得出手的一技之長，我只希望我的兒子溫潤如玉、平平靜靜、快快樂樂地度過人生中的每一天，我相信這是每一個母親最簡單平凡的願望。

於是不只一次，我跟老爺提議抽身離場，放棄乒乓，及時止損，反正在我看來，打球只是可有可無的事。

「可有可無只是對你而言，兒子喜歡乒乓的程度肯定是遠遠超過你想像的！他以前不爭不搶、不哭不鬧，是因為那都是他不在乎的東西而已。」老爺的膽子出人意料的大，毫不客氣地反駁我：「他對於乒乓，因為特別喜歡，所以特別在意，你懂嗎？」

熱情把媽媽都打倒了

不得不承認，有一點，老爺其實是説得對的，求福避禍對孩子成長是無助的。正因為他沒有能力在競技比賽中控制情緒，正因為他沒學會不在乎輸贏，我們才更應該給他創設學習環境，學習面對輸贏，習慣擁抱成敗；直到有一天，他能對這一切處之泰然，就説明他長大了，這同時也就體現出乒乓球的價值，證明它對於孩子的成長起到推動的作用了。

情況好比我們走路已經走得好好，就是跑起來老摔倒，那我們從此以後應該只走路不跑步嗎？不是這樣的！我們反而應該多練習跑步，直到有一天我們能在大路上任意飛馳，一邊享受迎面吹拂的清風，一邊把沿途的美景盡收眼底。哪怕你在練跑的過程中摔在路上，路邊的流言蜚語紛沓而來，如隕石墜落，星火搞不好就一個不小心炙熱你的心，成為驅使你成長、促使你成熟的燎原之火。

我曾經向智者傾訴內心的掙扎，黃永光教練把我説得心悦誠服。他説如果沒有付出那麼多的努力，就沒有那麼多的計較。這讓我想起《小王子》中的玫瑰花，地球上的玫瑰何止千千萬萬，但因為小王子在那一朵玫瑰花上所花的時間，使她變得重要。**乒乓球之於大爺，就是那朵讓小王子不遠萬里而來的玫瑰，這份愛是獨特而珍貴的，沒有一個人能完全理解他和乒乓球之間的感情，除了他自己。**

於是，我嘗試從欣賞的角度重新審視大爺打乒乓球這件事。相對讀書、遊戲、社交，大爺的確把最多的時間和心力花在打乒乓球上。我回想一下自己七、八歲的時候，都在幹嘛？才發現自己沒有辦法否定大爺的付出和熱情。

想明白以後，我的內心倏忽就被愧疚佔據了。我為什麼一直沒有好好理解他呢？其他人不理解他，那是理所當然的，因為其他人不知道！他們都不知道我的兒子有多努力、有多喜歡乒乓球——但我知道啊！我應該成為他夢想路上與別不同的那一位。

大爺八歲考進了少兒精英隊，當時是年紀最小的隊員。面對十歲、十一歲的大哥哥，沒有一天不是輸慘的，但他並沒有因為日復一日的輸球而磨光了熱情，反而一天一天想辦法，在一次一次的練習中尋求進步。結果在十歲的時候，終於奪得了少兒精英聯賽的冠軍。我想，我八歲的時候能做到大爺八歲時做到的這些嗎？好像不行，因為他已經找到自己的熱情所在，我只能自愧不如。

抱着球拍去旅行

我想不光是童年的我，大部分我認識的八歲孩子都不像大爺那麼忠於自己所愛。還記得在他八歲的某一天，我想趁長假期探望遠嫁美國的妹妹，就向家中兩位爺宣佈：「長假期快到了，我們去美國旅行，好不好？」

大爺的臉上並沒有我期待中的喜出望外，反而是面有難色地說：「爸爸媽媽，不如你們自己去吧！我想留在香港打球。」我和老爺面面相覷，被大爺的想法驚得目瞪口呆。

我把情況告訴遠在美國的妹妹後，這位行動力特強的「寵甥狂魔」，立即為大爺安排每天晚上一個球局，又幫他報名參加美國公開賽。大爺聽到這些安排後，眼中放射的光芒大概足以讓銀河燦爛一世紀。

最叫人意想不到的是，對於美國公開賽，最興奮的人並不是大爺，而是「寵甥狂魔」。從她家開車三小時到新澤西，「寵甥狂魔」的心情竟能一直處於高度亢奮中，久久不能自已。沿途放聲狂歌不説，她看大爺比賽時的吶喊聲和歡呼聲，保守一點來説可以算是響徹了美國東岸。

「寵甥狂魔」幫大爺報名了三組賽事，大爺不負她所望，在兩組積分賽中輕鬆奪冠。接下來就是 U12 的比賽了，因為美國公開賽是沒有 U9 組別的，剛滿八歲的大爺只能越級挑戰。結果，他在四進二的半決賽中輸給了一個白人哥哥，哭得肝腸寸斷。

我那無計可施的不耐神情才剛開始醞釀，「寵甥狂魔」就狠狠地朝我一記當頭棒喝：「什麼表情呢你？你傷心的時候難道還笑？難過不能哭，還讓不讓人過童年呢？」

説時遲那時快，「寵甥狂魔」已經抱過大爺，大爺也很快在她的懷裏屏住了哭泣：「他已經打球打了九個小時了，我在旁邊打打氣也快累斃了，他一句怨言也沒有，還特別努力、特別投入，我以我的小外甥為榮的！」

像爺爺一樣的教練

我常常教我家大爺要懂得感恩，因為天父給了他最好的待遇，在不同階段為他安排了他最需要的教練。

啟蒙階段，大爺遇上了沈文教練。沈文教練慈祥又耐心，在他眼裏彷彿看大爺的一切都是好的。無論大爺如何頑皮，沈文教練總能正面解讀他的行為，使我們知道原來事情還有另外一個角度。正因為沈文教練的眼中沒有所謂的「犯錯」，大爺在他面前總是無拘無束、瀟灑自信。沈文教練讓大爺從快樂中積累對乒乓球的喜歡，從一點一滴到盈千累萬。大爺對乒乓球每一分的喜歡裏都有沈文教練的心血、愛護和鼓勵。

沈文教練教大爺的時候，大爺才比球桌高一點點，沈文教練常常說他很可愛，看着他的時候，慈愛和憐惜總洋溢於眉宇間，我常常覺得那像爺爺對孫子的愛。

還記得某次從新加坡訓練回來，復課的第一天，沈文教練一看到大爺便一把把他抱起來，嘴裏唸唸有詞：「綺晨回來了！讓文教練看一下你重了多少！」那個畫面簡直溫馨得叫人心底化成淙淙溪水。

聽過很多家長遇上唯利是圖的教練的經歷，大爺卻承蒙天父的厚愛，遇上真心喜歡乒乓球，也真心喜歡他的沈文教練，無疑是幸運的。他能在跌倒的時候不放棄，失敗的時候不氣餒，支撐他奮力前行的是最純粹的喜歡，這是沈文教練為他搭建的初衷。

鐵漢嚴師

剛跟黃旭潮教練學球的時候，大爺才七歲多，是個特別「天真爛漫」的小孩。怕是對這個世界有什麼誤解，他以為地球上所有叫「教練」的角色都有一份來自無底洞的包容，所以第一、第二節課，他任性而不自知，練球練得那叫一個「隨意」，想廢話就廢話，想玩球就玩球，下課後還有膽量吐槽：「爸爸媽媽，我不喜歡黃教練啊！他好嚴肅啊！而且他的球不行，我完全打不到的，要拚命追才打得着，害我氣都無法喘上一口，再繼續下去我恐怕是活不久了！」

直到第三節課，重頭戲上演了！課堂開始還不到十五分鐘，黃教練就把我和老爺叫進去，用特別客氣和親切的語氣跟我們說：「今天的學費你們就不要交了！」

再轉過頭去，用嚴形厲色、窮凶極惡的語氣跟身後的大爺說：「你不能拿出一個認真的態度，就別再來上我的課！」說罷絕塵而去，甩給我們一個瀟灑的背影。

黃教練離開不到五秒，大爺就開始呼天搶地，哭聲震耳欲聾，就差點兒沒哭崩體育館。我和老爺也沒有急着問他事情的來龍去脈，只靜靜地坐在那兒等他哭，看他能哭多久。

大概半小時後，他終於又恢復了說話功能。他抽抽噎噎地說：「黃教練說我不專心！我哪有？我不就跟平常一樣嗎？只怪黃教練太嚴格！」

老爺以退為進：「黃教練真的太嚴格了，球不好打，還要求你高度專注，我們以後不上黃教練的課了！」

大爺幾乎是條件反射般秒速回應：「不行！」

他心底裏非常明白，沒有高要求就沒有高成就，所以潛意識裏捨不得這個可以令他進步的人，不想錯過這個讓他成長的機會。

如果用一個詞來形容黃旭潮教練，「鐵漢柔情」是不二之選。黃旭潮教練不是一個愛說話的人，表面看起來甚至有點低氣壓，但實際上非常細心，尤其是在教育大爺這件事情上，他真的把握每一個細節、每一個契機來調校這個小朋友，使他品格、球技均日見進步。

就以教大爺專心為例，黃旭潮教練真的待人以嚴，律己同樣以嚴的，他以自己的言行身教告訴大爺什麼叫專心。有別於一般不時玩一下手機的教練，黃教練上課的時候只專注於打球，哪怕有路過的家長強行打斷黃教練的課堂，一臉仰慕的問：「請問教練你還收學生嗎？請問教練學費多少？」黃教練一律高冷以對：「不好意思！我在上課！」甚至酷得不給對方一個眼風！大爺就在黃旭潮教練的潛移默化下，慢慢變得比從前專心，最讓我們喜聞樂見的，是這種態度還成功遷移到學習上。

當然，大爺距離完全達到黃教練的標準還有好漫長一段路，因為黃教練是一個要求很高的人。還記得有幾次，大爺練完球一臉得意，喜不自勝的心情充斥於活蹦亂跳的步履中。

我就好奇：「今天怎麼那麼開心？黃教練誇你了嗎？」我知道這是完全不可能，只是隨意一說。

「是啊！」大爺那個志得意滿的表情，彷彿贏得了全世界：「因為黃教練今天沒罵我，沒罵我就是誇我啦！你也知道他那個人的吧！心裏的話都不會說出口的！但還是被我發現他的心意了！」

只能說大爺挺了解黃教練的，而黃教練也非常了解這個小屁孩，知道他不經誇，為免他鬆懈、驕傲，從來不會把一些容易令他飄飄然的話宣之於口。難得的是一向眾星捧月的大爺對黃教練這種含蓄的愛無比受用，某程度上，黃教練內斂不外放的感情表達，令大爺成為一個感受力更強的孩子。

黃教練從來沒有用說話表達過對大爺的喜歡，可他的一舉一動卻無一不透露着他關愛這個小孩的事實。

嚴師不只教打球

有一次，我跟大爺拌嘴，面對咄咄逼人的大爺，我心中難過得潰不成軍，唯有忍氣吞聲，拒絕跟他對話。幸好他的乒乓球課開始了，冷戰得以暫停。本以為下課以後要立馬展開下半場的冷戰，卻沒想到，進去的是一個面目猙獰的死小孩，出來的卻是一個慈眉善目的小天使，大爺難得低聲下氣妥協：「媽媽，對不起，我知道自己不對了，黃教練已經教育過我。」

我們經常教大爺做人要有禮貌，有一次，大爺一副洞悉一切的表情跟我説：「黃教練也很注重我的禮貌表現的，連隔壁球桌的叔叔阿姨給我撿了個球，我忘了道謝，他也會對我進行深切教育，我知道禮貌很重要的了。」

黃教練跟我們的教育方向高度吻合，有時候，他像個爸爸，對大爺無微不至；有時候，他又像個哥哥，會做出特別青春浪漫的事情來。比如他會在大爺生日的時候給他畫生日卡，雖然沒有高超的畫功，但卡片上一句「記得我們的約定」，盡在不言中的情誼已躍然於紙上。

又比如有一次，大爺事先告訴黃教練自己當天晚上即將對戰一位神級對手，絕對沒有贏的可能。黃教練告訴他世上沒有不可能的任務，為了激勵他，還以重賞作誘餌。結果，大爺竟然真的令奇蹟發生了！他大喜過望，激動不已，立即跟黃教練分享在他看來天大的喜悦。黃教練也不甘示弱，悄生生促使另一個奇蹟發生——他在收到訊息的二十分鐘後，以賽車漂移的速度飛車到歌和老街體育館實踐承諾，給大爺送上重賞，令這個小朋友內心的驚喜燒至沸點。

大爺曾經給黃教練寫過一封信，裏面有一句是這樣的：從我七歲到十一歲，每一場比賽你也陪着我，無論我贏還是輸，你都在我身邊。

沒有華麗的詞藻，沒有精妙的修辭，卻用最質樸的言語道出了童稚真摯的心。成長需要時間，但除了父母，世上沒有任何人有這個給你時間，等你長大的義務，大爺很幸福，因為他的成長中有黃旭潮教練。

不知不覺，黃教練看着大爺從一個小朋友長成一個青少年——從輸球哭鼻子，等到他現在不哭也不鬧了；從上課不專心，氣得教練拂袖而去，到現在一見面像老朋友聊家常，一上課就默契地認真練球；從剛認識的時候説「我不喜歡黃教練」，到現在他最喜歡黃教練了，經常開口一句「黃教練説」，閉口一句「黃教練説」，還大言不慚地説自己和黃教練之間是沒有秘密的……

成長要有歡笑也要有淚水

他們一起經歷過那麼多，兩人的關係那麼好，大爺對他是那麼的信任，這真的是一份最美的祝福。起碼作為父母，我們都不用擔心大爺在成長的十字路口迷失，有黃教練的同行，我們相信大爺能一步一步走得穩當踏實，方向明確，目標清晰，看得見前方風景，聽得到沿途風聲、雨聲、鳥鳴聲。

大爺前陣子為了考香港青年隊，訓練挺辛苦的，當然，他有多辛苦，教練就有多辛苦了；因此，付出了無數個有家不歸的日與夜，結果還是名落孫山，大爺有多失望，教練也就有多失望。

還記得那天，我在車站等了他半個小時，我給他打電話，他說自己肚子痛，要上洗手間了，耽誤了些時間。後來我才無意中發現，原來他知道自己失落香港青年隊選拔，躲在洗手間哭了，只是不想我擔心，所以把悲傷留給自己。見面的時候，他還一個勁兒地跟我分享那天在學校發生了什麼值得開心的事情，看上去平靜又開懷……

這時候，我又矛盾地希望他哭出來，發一場脾氣也好，鬧幾天情緒也罷，反正不要裝成若無其事的樣子，因為我想分擔他的苦楚。然而，現實是他已經慢慢變得成熟了，一切已經回不去了，長大了的他選擇要獨個兒默默承受一切的失落和難過。

泰戈爾曾經說過，「失去太陽，能夠欣賞羣星；失去綠色，得到的是豐收的金秋，失去了無憂的童稚，我們走進了成熟」。但其實太陽、羣星、綠色、金秋、童稚、成熟都是美好的。天父給我們安排了什麼，我們就欣然接受好了，要為得到的一切而感恩，而不是計較得到的這一切是不是我們自己想要的。

香港青年隊本來是大爺的目標，但細思之下，就會發現快樂其實比什麼都重要，因為只有快樂能支撐起他一輩子的熱情。如果現在說一輩子太早，就讓我們一起見證吧！

曾經，我希望我的兒子溫潤如玉、平平靜靜、快快樂樂地度過人生中的每一天。**現在，我以自己的兒子活得充滿熱情為榮。我希望他能一直專注自己的所想所愛，成為一顆星星，發光發亮，還有邊有棱角。**

黃老師的 採訪後記

很多時候，我們都忙於指出孩子的問題，希望孩子能不斷改善自己，力臻完美；但卻忽略了他們最想要的並不是我們一廂情願的「完美」，而是一顆陪他們一起投入於熱情中的心。連我妹妹也知道要以大爺為榮，我卻吝嗇給他一個擁抱，跟我妹妹比起來，我這個媽媽真的太不稱職了。

我真的特別感謝天父，雖然我有所欠缺，但天父卻在大爺的夢想之路上不斷差派天使登場，令我不致成為那個澆滅他熱情的罪魁禍首，也讓我學習成為一個更棒的媽媽、更好的同行者。

世上難有無止境的熱情，以前看過一些運動員的專訪，都說傷病、瓶頸、人性均會令人意志消沉，沮喪氣餒。可幸的是這些令人意志消沉的時刻，往往最能擦亮人們的眼睛，看清身後的天使。

如果夢想路上沒有助燃劑一般的天使，熱情也有消滅乃至熄滅的一天。這些天使不能阻止傷病、瓶頸、人性的發生，卻有助於熱情的火燄重燃，甚至愈燒愈旺。

劉老師

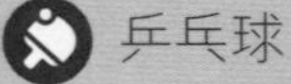

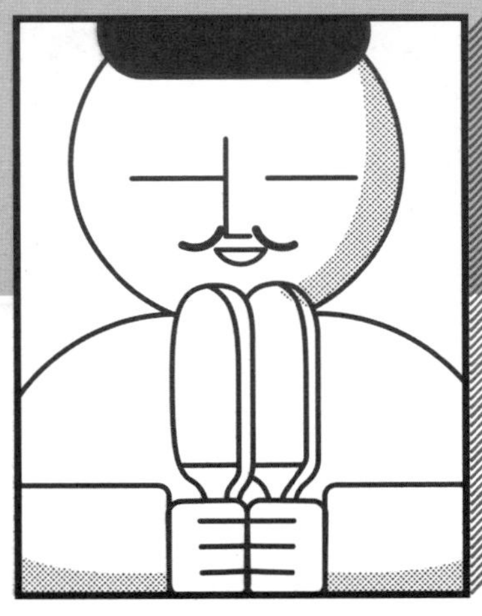

/ 性別：男

/ 田徑隊教練

賽事和獎牌

成就太太和孩子的夢想

乒乓球的祝福

因為一場打印機公司舉辦的超低水平乒乓球比賽，一個從沒學過球的九歲小男孩第一次拿起乒乓球拍，輸掉了八強的比賽，卻贏得了一份一生受用的禮物。

他看着場內學過球的孩子，標準的握拍動作，瀟灑的擊球姿勢，靈活的腳下功夫，心中的羨慕油然而生。他也渴望接受正規乒乓球訓練，只可惜苦無機會。倒不是家裏條件不允許，只是他的父母都在內地工作，他跟外婆生活在一起，外婆年邁，他又太小，沒有人能為他安排訓練班，更遑論聘請私人教練。

迷失的青春

雖然這個小男孩每個月袋中都有着比別人家小孩更多的零用錢，但他與父母相處的時間卻比誰都少。唯有用這許許多多的零用錢，買來車載斗量的漫畫書，找找樂子，同時給自己填補缺了一塊的內心。他愛《足球小將》，也愛《男兒當入樽》，因為他是一個愛運動的男生。跟很多男生一樣，他的心中盛載着一個運動員夢。

沒有人告訴過這個男孩，夢想該怎麼擁抱。於是他自創了一套「棄書尋夢法」，以為放棄學業，終日流連球場，就可以與夢想靠近。於是，逃學、曠課成了他的日常，中學期間被踢出校的紀錄，更高達三次。少年時，他唯一的朋友是就讀第一所中學時認識的班上倒數第一名，他自嘲説那是因為他接受不了成績比他好的人，而他是班裏永遠的倒數第二名……

兩人總是形影不離，每天一起踢球，一起騎自行車上學、放學，在長長的吐露港公路烙下青春的腳印，懶理什麼上學啊、責任啊……只因為生活太沉悶，幸好車子踩起來有風……直到有一天，和他年齡只差十一個月，平日跟他走得最近的哥哥遽然離世，風，一瞬間靜止了。

他的心不可理喻地被憤怒填滿——父母不在身邊，哥哥學校裏不是有老師嗎？為什麼學校就沒有一個像樣點兒的老師，能察覺到他的哥哥學壞了？為什麼哥哥就沒遇上那個讓他迷途知返的善牧？

從此，他立志當一位老師。因為他覺得要是自己能挽回一個像他哥哥那樣的生命，他承受的傷與痛，也就值了。

那年，他中五畢業，會考成績只有個位數，不得不投身社會。沒有選擇之下，他當起了日曬雨淋的推銷員。本以為這樣就是一輩子，卻因為哥哥的死，重新撿起書本，對抗着因打擊太大而來的厭食症，一邊吐得死去活來，一邊沒日沒夜地自修會考課程。他以一年時間咬緊牙關自修，奇蹟般考取了 3B / 3C 的成績，得以重返校園。最後他考上大學，修讀教育，主修體育 —— 他到底是想當老師呢？還是當運動員呢？

與夢想重逢

故事從那個火傘高張的夏天説起。那年，小男孩已經長成大男孩，正和一大幫跟他一樣修讀體育的年輕小伙子在驕陽似火的球場上揮汗如雨，跑步跑得眼冒金星，快要氣絕身亡時，一個喜訊突然從天而降。一個求生慾特別強的聲音扯着嗓門吶喊道：「體育館那邊正在進行乒乓球校隊選拔！我們快去吹空調吧！」於是，一行數十人湧進了體育館，令乒乓球校隊選拔人氣暴增，瞬間變成了一項校園盛事。

與乒乓球久別重逢，大男孩的內心有點小激動。雖然他仍然是那個完全沒有學過球的男生，但懷揣着最接近妄想的夢想，他用最大的耐心，努力模仿電視上那些專業乒乓球員的動作，盡力打好每一球，最終成為該次選拔的第九名。

在一眾一心只為了吹空調而參與選拔的夥伴中，他在得悉前八名得以進校隊的時候，內心產生了那麼一點兒有別於他人的小失落。當時，他又回想起九歲那場止步於八強的乒乓球比賽，不得不屈服於命運的霸氣。然而，當他以為自己再一次與乒乓球失之交臂的時候，命運卻又俏皮地告訴他，除了霸氣的一面，偶爾它也柔情似水——前八的其中一位同學退出了，大男孩有幸走馬赴任。

時隔十年，他終於迎來正式學習打乒乓球的機會。他壓抑着內心的竊喜，屏息靜氣，心中暗暗決定要為乒乓傾出百分百的熱情，打出屬於自己的一片天，不留遺憾。

乒乓球校隊由黃永光教練執教，在大男孩的眼中，黃教練是他遇到過最好的體育老師，沒有之一。因為黃永光教練從來沒有嫌棄他只是一個大後備，甚至還手把手地教他最基礎的握拍、轉腰、正手攻球……然後他發現從電視上看來的，原來只是乒乓球的表象，乒乓球的內涵博大精深，令人神往，使他不知不覺深陷其中。他用近乎虔誠的態度學起來，哪怕他只是個後備，很有可能連上場的機會也沒有，但仍堅持每天第一個到球場練習發球，訓練結束又總逮住隊友，陪他加練到最後才離開。

故事到這裏，如果你以為結局是大男孩經過一番奮鬥，最終成為正選，還在學界賽中打出了什麼名堂之類的話，説明你是個相信童話的人。相信童話的人比較容易感到快樂，但往往也逃不了失望的命運。

現實是這個男孩終究沒有打出什麼一鳴驚人的成績，但他收穫了可貴的友情、難忘的師恩和看似觸手可及的夢想。大學四年畢業後，懷揣着這美好的一切步上教壇，大男孩當起了一名再平凡不過的體育老師。

奇蹟一般的四雙釘鞋

他的第一個想法，是想把乒乓球帶進孩子的生命中，令他們感受一下他曾經感受過的乒球魅力。然而在基層學校，資源限制絆住了夢想的步伐。學乒乓球的裝備確實很燒錢，球拍、膠皮……無一不是噬血的怪物，要打到一定水平，更免不了聘請私人教練，通過針對性訓練進一步提升技術，於是，他當時的學生只能與乒乓打個照面，沒能深入交流。

大男孩苦思冥想，覺得在那樣的校情下，最有可能發展的是田徑，因為田徑所需的大概就是一雙釘鞋吧？他在學校體育室翻箱倒篋，終於找出來幾雙破釘鞋，可惜每雙釘鞋的鞋釘都不齊全……但大男孩不認命，他把鞋釘全拔出來，再重新旋進鞋底上，竟剛好湊出了四雙完整的釘鞋——這難道是天父讓他發展 4×100 米接力賽的默示？他不禁為自己心中的這個想法喧嘩叫囂了好一會兒。

事實再一次證明，相信童話的人果真比較容易快樂，因為他的一股傻勁，田徑隊瞬間陷入了火力全開的訓練模式。一段時間以後，更連連報捷。從「沒有」到「有」，再從「有」變成「富有」只是三言兩語，但風光背後是一言難盡的艱辛。

每天凌晨五點，大家睡夢正酣，大男孩卻已經在月亮的注視下踏上回學校的路途，為的是迎接風雨不改的晨操晚練。他付出了無數個日與夜，換來只屬於他和孩子的回憶與足跡。

課間休息，他教孩子拉筋；放學，他跟孩子練習；週末，他給孩子加練；週日，他帶孩子比賽。當然，日常的教學工作也必須顧上，作為一名初出茅廬的教壇新秀，他感受到前所未有的疲累。

不止一次，我在醫療室目睹一張蒼白的面孔，大汗淋漓地躺在那張本該睡生病學生的小牀上，晶瑩的汗珠從他的額角滑落，撫過他的臉頰後似乎掉進了田徑場的土壤中，他耗盡心神澆灌的小苗積極地向陽生長，穿着勉強拼湊成四雙的破釘鞋，跑贏了一個又一個的全港接力賽，把一雙又一雙名貴跑鞋落到身後。

代代相傳的乒乓熱情

有一天，他鬼鬼祟祟地跑到我身邊來，在我耳邊悄悄說：「跟我來，我帶你去一個秘密的地方。」

如果小朋友聽到有人向你發出這樣的邀請，記得立馬在心中敲響警鈴。搞不好那是壞叔叔啊！然而，我是黃老師，大男孩是我的同事——劉老師，所以我跟他去沒問題！

所謂的秘密地方原來是校長室，我覺得用「秘密」這個形容詞不如「危險」貼切。在我嗅到危險氣息前，一片金燦燦已爭先恐後地躍入我的眼簾——那是他和他的田徑隊在全港教區運動會大獲全勝以後帶回來的豐碩成果。劉老師說他正在學低調做人，便選了我成為唯一一個跟他分享這份喜悅的人。根據他的觀察，我的個性比較冷漠、高傲、不愛搭理人……不會把他的「秘密」洩露出去。我當時就應該想到這些都是藉口，他肯定是喜歡我的！

我要給正在擔心我自作多情的你捎上一個好消息！這個猜測最終被我證實了，因為劉老師後來成為了我的劉先生。我以劉太太視角發現我家老爺的乒乓夢從來沒有歇止過。雖然田徑隊成績輝煌，但老爺一得空，還是會拖着疲累的身軀，並且帶上我往乒乓球館跑，打球打得汗流浹背，圖個酣暢淋漓。

除此以外，我們還在乒乓球館裏撿到了意外收穫。那時候正值我懷孕中後期，每次只要乒乓球「乒乒乓乓」的聲音奏響，肚子裏的寶寶就會對上節奏進行胎動，這讓老爺以為這寶寶跟他老爸一樣愛煞了乒乓。

後來，寶寶出生，是我家大爺。這位大爺從四歲開始學乒乓球，被他老爸毫無根據地瞎猜對了，大爺竟然對乒乓球有一股彷彿與生俱來的熱情。他可以不睡覺、可以不吃飯、可以不打遊戲、可以不去旅行，唯獨不能不打乒乓球。

不比我家老爺義無反顧地支持大爺，我曾經在大爺學習成績不理想的時候說過不讓他再打球之類的話。然後在我們各自回到房間準備上牀睡覺的當兒，黑暗中傳來陣陣壓抑而悲傷的嗚咽——是那個剛被取消打乒乓球資格的小男生躲進被窩裏為乒乓而唱的驪歌。

大爺哭喪着悶得紅彤彤的小臉蛋對我說：「憑什麼你可以有夢想，我就不可以？」

追夢的夥伴

對啊！父子倆都知道我的夢想是寫作，所以孩子總在禱告中祝福我，求天父讓我有空間、有靈感，堅持不懈地寫下去，能享受美好的寫作時光。我家老爺呢，更是偉大，他明明也喜歡孩子，享受前線的教學工作，卻為了讓我擁有更多寫作的時間，無後顧之憂地勇敢追尋夢想，改變了自己的職業路向——放棄他心愛的田徑隊，申請晉升，負責行政工作，爭取一份更理想的收入，他的愛妻就可以換一份半職的工作，隨心所欲地尋夢去了。

我家老爺很公平，他如何堅定地成就我，也就如何堅定地成就兒子。因此，他在黑暗中抱過那個哭得可憐兮兮的大爺，承諾永遠陪他追夢。

他的陪伴篤定而實在。每天早上七點準時登入康文署網頁訂場地、約教練，再累再忙也親身見證大爺的每一場球賽，打得好、打得不好的，在他看來，都是恩典。

他樂此不疲地給大爺作賽後檢討，一如當年他給田徑隊的隊員説出一段段感人肺腑的華麗講話，哪怕大爺總是不領情。在教壇上説一不二的老爺面對兒子威嚴盡失，但承諾過陪兒子追夢，又不能對他學球的事置之不理，所以再艱難他也不放棄，並以為當務之急是幫他找一個好的球會，請教練來看他比賽，讓教育回歸專業。

然而，在香港這個利益至上、浮躁不堪的社會裏，球會的存在大多是為了賺錢營生，想要找到一個用心教育孩子的球會可能比贏馬龍還要超現實。還記得那陣子，每逢星期六、星期天，我們去找合適的球會，幾乎有會址的球會我們都試打過。

然而真正的緣分不是你多跑幾次就能找上的，有一種相逢叫不期而遇。在 U9 的賽場上，當大爺又因為輸了球而傷心痛哭的時候，一個也許不算偉岸，但挺拔有餘；也許不夠瀟灑，但足夠儒雅的身影翩然而至。

我家老爺對上那雙溫柔的目光，前塵往事頃刻在眼底快鏡重播了一遍，當天手把手教他打乒乓球的黃永光教練在我們夫妻倆不知所措之際，就像電影情節一般橫空降臨，慈祥又耐心地教導我們的兒子什麼時候該哭，怎麼才能暢快而不失體面地哭。

隨着黃教練的再次登場，我家老爺的乒乓夢彷彿已經迎來了結局。也許他也曾隱隱希望兒子能為他的故事演出續集，但沒有續集好像也可以。因為他的夢想從開始到結局，一直如此美麗。

最美的伏筆

我家老爺經常說他的夢想就是為我和兒子實現夢想，因此，我要用我的夢想記錄我家老爺無私的成全、無價的愛情。同時用他的經歷讓他回想起來，他曾經也有屬於自己的夢想，希望他與他的乒乓夢再一次相視而笑。

兒子也許不如我懂得表達對他老爸的感激，但他用心打出的每一球，打在球桌上，一定也有溫度落到他老爸的心坎中。當他長大了，知道乒乓在他們父子倆的生命中有着這諸般的牽扯，肯定特別感謝天父讓他和乒乓遇上，使父子倆的心因為乒乓而更緊密相連。

我家老爺曾經説過，當我們老了，再也不用忙工作了，就每天一起打乒乓球，因為乒乓不限年齡，只要喜歡都能打。這多好啊！他説到「當你老了」的時候，我就想起愛爾蘭詩人葉芝早期的名詩——

「當你老了，頭髮花白，睡意沉沉，倦坐在爐火邊，取下這本書來，慢慢讀着。」

美則美矣，但活力不足。我寧願和我家老爺在球桌旁邊，聽着乒乒乓乓的聲響，哪怕打得笨手笨腳，卻是一天一天在笑意中老去。

乒乓球在我家老爺的人生中埋下了許許多多的伏筆，從過去到現在，無數次出其不意地為他編寫讓他喜出望外的情節。哪怕我家老爺的生命並沒有因為乒乓而變得轟轟烈烈，但他的每一天，卻因為不知道哪天又會發現乒乓在他前面的歲月裏埋下怎樣的伏線，而有着星星點點的期待與盼望。

黃老師的採訪後記

在天父的巧妙安排下，大爺加入了黃永光教練的雅健球會，不光在那裏學打球，還在那裏學做人。韓愈曾說：「千里馬常有，而伯樂不常有。」沒有經歷過東奔西跑找球會，而且遍尋不獲的失落，不會有如此深刻的感動。

感恩遇上黃永光教練，在全世界都以為我家老爺的乒乓夢是妄想的時候，給了他一個靠近夢想的台階；也感恩黃永光教練彷彿穿越過來一般，把同等分量的愛灌注到我家大爺身上，教他打好球、做好人；更感恩當我們疲憊、無措、迷茫時，有黃永光教練告訴我們為人父母要終身學習，總要記着常謙虛，勤反思。

每一個有夢的人

乒乓球

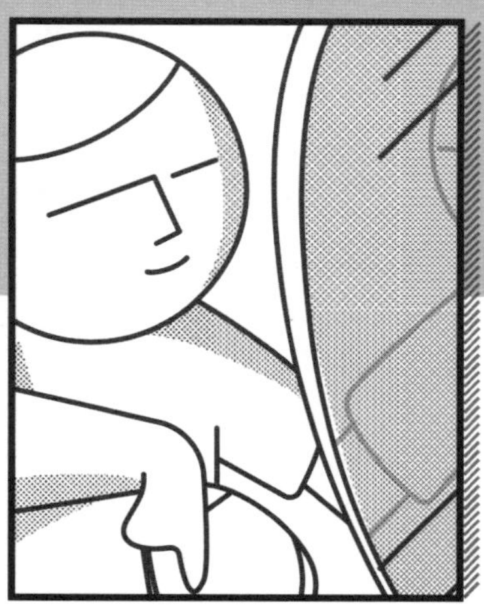

/ 乒乓球 / 書法 / 寫作……

賽事和獎牌

一輩子忠於所愛

愛有多少種？

小時候覺得外婆做的鹽焗雞是天下第一美味，但出現在外婆家餐桌上的鹽焗雞都是殘缺不全的。因為我最愛吃雞翅，所以外婆把雞做好後，第一件事不是趁熱上桌，而是悄悄把我叫到廚房，毫不留情地把兩隻雞翅給折下，滿臉慈愛地看着我有滋有味地把雞翅消滅淨盡後，還不忘溫柔地給我擦嘴，最後才把那隻斷了雙翼的鹽焗雞端到餐桌去。剛開始的時候，總有家人問那不翼而飛的雞翅何去何從，久而久之，大家都習以為常了，也不再有人提起。

外婆兒孫滿堂，但她最愛的卻是我。她說那是因為她十幾個孫子孫女聚在一起就像一個燒開了的鍋，總是玩得天昏地暗，無日無之的。只有我愛獨坐到一旁看書，特別像小時候的她，所以從小到大，她都是偏愛我的。她總把一切她認為最好的都給我，為了愛我，她甚至會剝奪全家人吃雞翅的權利。

外婆生於 1920 年，今年一百零一歲了。就像老一輩常說的那一句話：她吃的鹽比我們吃的米還要多，經歷過的是那種我們只會在教科書裏看到的事情，比如日本侵華。

日本侵華前，外婆讀的是女子師範學校，本來畢業以後是要當老師的。可惜烽火無情，外婆在亂世中被迫放棄學業，還跟家人失散了。

與打球擦肩而過

小時候，她常常跟我懷緬舊事，説得最多的是在校園裏的一點一滴。外婆説在那段美好的時光中，她除了讀書，還常常跟她最好的朋友打乒乓球，雖然後來她那個好朋友在抗日戰爭中去世了，但每次看到有人打乒乓球，那段青蔥歲月的輪廓還是會在心底浮現。

外婆曾經心血來潮帶我到家附近的石枱教我打乒乓球，雖然我笨手笨腳的，學得不怎麼好，但外婆始終耐着性子教我，不急也不躁。嚴格來説，我從來就沒有見過外婆生氣，當我第一次學會「善解人意」這個詞的時候，就覺得它是屬於外婆的。

有時候我會想，如果外婆不是生不逢時，她長大後大概就是全世界最溫柔的老師了。她會在學校教孩子們寫字，和他們一起打乒乓球，把她知道的都告訴那些喜歡學習的學生，帶他們欣賞世界的色彩，陪他們感受生命的活力。

被迫喜歡

記得有一次，大爺被驚得目瞪口呆地向我表示，他發現了一個令人歎為觀止的場面——他第一次看到有人練球時氣焰壓過教練！

一個彷彿有什麼事情讓她懷恨在心的女孩，練球時高調地宣示自己的迫不得已，又是罵罵咧咧，又是怒扔球拍，滿臉的不情不願，彷彿心懷血海深仇，不知道的還會以為她被迫做什麼偷搶拐騙的勾當。

大爺説打球明明這麼好玩，懷恨女孩這樣打不是暴殄天物是什麼？他説懷恨女孩的行為簡直令他費解十天。

這是喜歡和不喜歡的區別，大爺和懷恨女孩顯然不在一個頻道上，大爺又怎麼可能理解她呢？

雖然我不認識懷恨女孩，但我跟她的好朋友還挺熟。她的好朋友曾經告訴我，懷恨女孩其實超級討厭打乒乓球，無奈爸爸覺得她有天分，強迫她接受高強度的訓練，為進名校鋪建康莊大道。

懷恨女孩也曾反抗掙扎，然而無果，唯有以一次又一次的暴怒練球來表達內心的不滿和不情願，希望教練有一天能知難而退，令自己學球無門。

我假設自己打乒乓球很有天分，外婆當初成功強迫我學習乒乓球，今天的我肯定也沒有在打的，因為我不喜歡啊！

我假設自己寫書法完全沒有天分，但我喜歡它，我就會不計較它能不能成為我的「必殺技」，也不會在意它能不能為我爭取無數閃閃生輝的榮譽，我只會熱情地把它迎進我的生命裏，讓它陪伴我，與我共度許許多多平凡但美好的時光。

無數次不願意承認自己生氣，回到房間打開紙筆墨硯，寫出一行又一行東歪西倒、面目猙獰的字，才不得不面對自己正氣在頭上的事實，唯有無可奈何調整情緒、反思自己。我沒有在書法這個領域取得什麼驚天動地的成就，但它伴我走出憂傷、陪我擁抱快樂，我知道我會用一生的時間去喜歡它。

或許勉強自己打乒乓球可以讓我成為特別的人，但這同時叫我錯過快樂的人生。那麼我寧願平凡但快樂地用一筆一畫記錄我那乏善可陳的生活點滴，然後用一輩子咀嚼回味。

不問結果的熱情競賽

其實所謂的平凡人生並不是我們想像的寡淡無味，每次大爺練球，我在體育館大堂等着的時候，總能看到絡繹不絕的長者。他們持之以恆地往體育館跑，我不只一次被他們滿腔的熱情深深地打動。

他們肯定不是什麼世界級球手，很多甚至都沒有正式學過球，但他們每天與乒乓同行，享受打球的時光，對於乒乓球的心火，從年輕力壯到白髮蒼蒼，一直燃燒不滅。

有一次，大爺提前到達預訂好的場地練發球，遠處一位老奶奶走過來問：「小弟弟，你繼續練發球，我試着接，行嗎？你不用理會我，我接到你的發球你也不用回我的，我不想影響你練習，我只想練一下接發球而已。」

大爺一直以來挺討厭別人騷擾他練球的，所以看到老奶奶「大膽來犯」的時候，我不禁屏息靜氣。大爺不但沒有我預期中被惹毛的反應，還特別平易近人地表示歡迎，我嘖嘖稱奇的同時不忘猜測箇中原因，我想這大概是老奶奶的熱情感動到他了吧！

又有一次，我在體育館東張西望，偶爾在一對老伯伯練球的場地內瞥見一抹難得一見的粉紅。說是難得一見，因為一般現成掛桌式乒乓球袋都是寶藍色的，那可以說是一個大眾款，甚至說是指定款也不為過。唯獨那兩位老伯伯別樹一幟地在球桌邊掛了一個如此精緻的球袋，馬上就引起了我這個粉紅控的注意了！

走近細看，發現那是用粉紅尼龍繩編的，花式規律工整，手工不是一般的好。老伯伯興許被我熾熱的目光驚動了，親切地給我介紹：「這球袋是我自己編的，外面買不到！」這繁花世界總有些東西是渺小而特別的，往往就只差一雙發現美的眼睛。

到底是什麼促使這種「細水長流的愛情」的發生呢？是最平凡的喜歡啊！因為喜歡，所以乒乓球成為他們的日常；**因為喜歡，所以用心鑽研；因為喜歡，所以匠心獨運……哪怕這些喜歡看似都換不到什麼結果，但我們又是為什麼非得追求一個結果呢？**

世上的花有兩種，一種花能結果，一種花不能結果，你可能沒注意過，其實不能結果的花更美麗，比如玫瑰、比如菊花、比如蘭花、比如鬱金香。他們一生只埋首一件事，就是逕自開放，哪怕最後沒有結出什麼甜美的果子，卻能換來人們的欣賞和喜愛。

然而，就算沒能討得別人的喜歡也沒什麼啊！你不喜歡玫瑰也不妨礙它的美麗，不管外面晴空萬里還是狂風驟雨，最重要的還是我們心中有太陽，不是嗎？

美滿的打球關係

某次網課，一個中一的小男生突然在課堂進行中急不可耐地打岔，驚喜地問我：「黃老師，你也認識劉綺晨？」

事緣當天我用手機給他們上網課，在分享屏幕的情況下，我關掉簡報，切換到圖片庫時，學生偶然看到了圖片庫中大爺的照片。

我的驚喜也不比他少：「我當然認識！我可是她媽媽呢！你呢？」

「我也打乒乓球，所以我知道他。」

從小男生的語氣中，我感覺到他跟我有着同樣的心情。我莫名覺得從此以後我們對彼此説的話肯定會特別有共鳴。

以後每上他們班的課，全員到齊前，我總不忘跟他寒暄兩句：「近來有沒有打乒乓球？」

「有啊！就在屋苑會所打，我們這邊會所在疫情期間也不關閉。」

「你也夠拚的，定下了什麼目標嗎？」

「我在乒乓球領域沒有什麼目標的，純粹喜歡打球，喜歡和爸爸共享乒乓的樂趣。爸爸工作很忙，我們不常見面，但他一有空就喜歡和我打乒乓球，所以乒乓球是我們的親子活動。」又是一對因乒乓而心意相連的父子，這故事平凡卻美麗。

暴躁爸爸和抗逆男孩

有父子因為乒乓而相愛，也有父子因為乒乓而相殺。暴躁爸爸和抗逆男孩就是一個互相傷害的例子。暴躁爸爸特別在意抗壓男孩的比賽結果，每次抗壓男孩參加比賽，暴躁爸爸總是特別緊張，又跳又叫那是基本，要是抗壓男孩打不好，甚至輸比賽，暴躁爸爸一定大開殺戒，罵髒話屬於克制表現，動真格時還會賞巴掌。

那抗壓男孩怎麼反應呢？抗壓男孩，顧名思義，抗壓力特別強，爸爸對他不客氣，他倒挺客氣。我見過他最激烈的一次「反抗」是冷颼颼地說了一句:「睬你都傻！」然後頭也不回地果斷離開現場。

抗壓男孩雖然承受泰山壓頂一般的壓力，卻仍能處之泰然，面對暴力面不改色。這真是不幸中的大幸，換成其他抗壓力沒那麼強的孩子，縱身一躍也不是什麼難以理解的事啊！從此以後，父子倆相看兩相厭，難道這就是世人苦苦追求的結果？

足夠的喜歡

如果說世上真有什麼東西可以換走我和大爺的感情，我想像不出來那可以是什麼，但絕不可能只是一座獎盃。

大爺曾經說過：「如果你們像暴躁爸爸那樣對我，我肯定自己早就不打乒乓球了！」

無論大爺將來能否打出什麼成績，只要足夠喜歡，他跟乒乓球就可以結伴走向永恆，像書法之於我，像乒乓之於許許多多愛球的長者。**但前提是要足夠的喜歡，喜歡才能過一輩子，哪怕它沒有選擇你，但你可以選擇它，這份喜歡遺世獨立，無關結果。**

黃老師的採訪後記

活到一百零一歲的今天，外婆已經走得不利索了，一天裏大部分時間躺臥在牀上。我曾問過外婆有沒有什麼遺憾，外婆說沒有了，她想看到的風景都看過了，想教給我最好的一切都教了。

如果在外婆認為最好的一切裏面有排序的話，乒乓球也許位列榜首。只可惜我沒有天分，但外婆也不勉強我，就退而求其次教我寫書法。每逢長假期，我和妹妹到外婆家裏去度假，外婆看到我總是樂不知疲地練字時，臉上就會不由自主地寫滿了欣慰，那雙笑語盈盈的眼睛裏有世上最亮的星。

長大以後，跟老爺談戀愛時，老爺也與我打過乒乓球。他以專業體育老師的角度評價說我其實並非自以為的沒天分，反而挺協調的，外婆沒能教好我的原因，大概只是由於我打從心底不喜歡運動，主觀抗拒一切運動而已。

現在看來，好像也的確是那麼回事。所以多年以後，我還是覺得橫陳於「善解人意」四個字和外婆的名字中間的，是一個等號。她教育我的方式，值得我以及很多現代家長效法。